Livres déjà parus de la même auteure:

Écoute ton corps – ton plus grand ami sur la terre

Listen to your best friend your body

Qui es-tu?

Je suis Dieu Wow!

Les relations intimes (Collection ETC)

La responsabilité, l'engagement et la culpabilité (Collection E

À paraître en 1993:

Les peurs et les croyances

Les relations parents et enfants

La séparation et le divorce

L'argent et l'abondance

Dépôt légal:

Bibliothèque Nationale du Québec

Bibliothèque Nationale du Canada

Quatrième trimestre 1992

ISBN: 2-920932-06-3

Première édition

Publié par:

Les Éditions E.T.C. Inc.

9675 Papineau, bureau 380

Montréal, Canada

H2B 1Z5

(514) 382-7361

ligne sans frais 1-800-361-3834

Télécopieur: (514) 382-7075

Collection
ÉCOUTE TON CORPS

LISE BOURBEAU
répond à vos questions sur:

LES RELATIONS INTIMES

1

ÉDITIONS E.T.C. INC.

REMERCIEMENTS

Merci à tous ceux
et celles qui assistent à
mes conférences
et ateliers.
Grâce à votre recherche
d'une meilleure
qualité de vie,
à votre intérêt pour les
enseignements
d'Écoute Ton Corps
et à vos multiples
questions,
j'ai pu créer cette
Collection Écoute Ton Corps.

*Un gros merci aux personnes
très spéciales qui
continuent depuis le début
à collaborer avec moi afin de
réaliser tous les livres
parus à date.*

Table des matières

INTRODUCTION

Voici la collection Écoute Ton Corps. Ce livret est le premier d'une série de plusieurs thèmes différents.

Les questions dans ce livret, ainsi que tous ceux qui suivront, m'ont toutes été posées par des hommes et des femmes comme vous lors de mes conférences et de mes cours.

Ce recueil a été conçu pour vous assister dans la mise en pratique des notions que j'ai déjà couvertes dans mes trois premiers livres. À ceux qui ne les ont pas lus, je suggère fortement de le faire avant d'entamer la lecture des pages qui suivent.

Pour tirer vraiment avantage de ce livret, lisez la question et trouvez d'abord votre propre réponse avant de lire la mienne.

Vous remarquerez qu'il y a plus de questions provenant du sexe féminin que du sexe masculin. C'était à prévoir puisque les femmes sont plus nombreuses que les hommes à suivre des cours de croissance personnelle et à assister aux conférences. C'est le principe féminin en soi qui nous dirige vers une recherche intérieure personnelle. Par ailleurs, vous noterez que la plupart des questions auraient pu être posées autant par des hommes que par des femmes.

À cause de leur grand nombre, j'ai regroupé toutes les questions sur les relations sexuelles dans un autre livret. Il y aura aussi un livret sur la communication et comment être vrai. Comme la communication est très importante pour établir et maintenir de bonnes relations, cet élément revient très souvent dans mes réponses. Il se peut que vous vous disiez *"Mais comment fait-on pour bien communiquer, pour s'assurer que les deux parties acceptent de le faire au même moment?"* Encore une fois, à cause du très grand nombre de questions sur la communication et comment être vrai, vous trouverez des réponses additionnelles dans le livret portant sur ces sujets.

Certaines des questions de ce livret peuvent revenir dans d'autres livrets car elles touchent plusieurs thèmes étroitement liés comme, par exemple, l'amour intime avec la communication et la culpabilité.

Toutes les réponses données dans ce livret sont basées sur une approche qui a fait ses preuves et qui est au coeur de la philosophie de vie enseignée par le **Centre Écoute Ton Corps**. Je ne prétends pas pour autant avoir **LA** réponse à tout. Mais avant de vous dire: *"Je suis sûr que cette solution n'aura pas le résultat que je veux"*, je vous suggère fortement de l'expérimenter au moins trois fois avant de la mettre de côté. Ne vous faites pas jouer de tour par votre mental! Laissez plutôt votre coeur décider et non la peur créée par le plan mental.

Si vous persistez à n'utiliser que ce que vous avez appris dans le passé pour gérer votre moment présent et que vous n'expérimentez rien de nouveau, ne soyez pas surpris s'il n'y a pas grand chose qui change pour le mieux dans votre vie.

Vous voulez de l'amélioration? Choisissez alors de vivre de nouvelles expériences!

Bonne chance!

Avec amour,

LISE BOURBEAU

LISE BOURBEAU RÉPOND À VOS QUESTIONS SUR

LES RELATIONS INTIMES

Je désire sincèrement continuer ma vie de couple actuelle mais je découvre que mon conjoint décide toujours de ce qui est bon pour moi et les enfants. Il a toujours raison et je souffre de ne pas pouvoir m'affirmer plus. Quel est le principe en moi que je n'accepte pas?

Quand c'est le conjoint qui décide toujours de tout et qu'il ne tient pas compte de vos opinions, il est en train de vous refléter que c'est le principe féminin en vous que vous n'acceptez pas. Il en va de même pour votre mari. S'il croit que la femme doit être dirigée, il n'a pas beaucoup d'estime pour la femme en général. En le laissant diriger, vous lui donnez raison. L'un comme l'autre, vous reniez votre femme intérieure, votre principe féminin. Votre relation de couple a de fortes chances de s'améliorer si vous acceptez l'idée que vous avez beaucoup à apprendre ensemble. Vous avez tous les deux besoin de laisser s'exprimer la femme en vous. Votre mari doit lui-même avoir beaucoup de difficulté à se laisser diriger par les femmes, surtout les femmes patronnes. Il s'entend certainement mieux avec les hommes. Quant à vous, vous devez sans doute vous méfier des femmes en plus d'avoir l'impression que les hommes sont supérieurs. Vous devez tous les deux apprendre à accepter votre principe féminin. Chaque être humain veut en arriver à l'harmonie entre la partie féminine et la partie masculine en lui. Revisons un peu ces deux principes.

Le principe féminin est exprimé par la douceur, les arts, la musique, l'intuition, les désirs. C'est la partie de nous qui connaît nos vrais besoins. C'est la partie passive et réceptive en soi.

Le principe masculin est exprimé par la volonté, la logique, la rationnalité, l'audace, le courage. C'est la partie active et émettrice. C'est elle qui nous permet de passer à l'action pour manifester les besoins perçus par le principe féminin.

Quand la femme n'accepte pas son principe féminin, elle croit qu'elle doit passer après les autres; elle n'écoute donc pas ses besoins. Ce qui veut dire que la partie masculine en elle est plus présente et qu'elle passe à l'action; par contre, ce sont pour la plupart des actions qui visent la satisfaction des besoins des autres. Elle n'est motivée que par son élan de vouloir plaire aux autres (surtout les hommes). Le principe masculin ne reçoit pas les messages du principe féminin qui tente de lui dire ses besoins en suivant son intuition.

L'homme qui n'accepte pas son principe féminin fait la même chose. Votre mari n'écoute pas votre opinion mais il n'écoute pas plus son coeur, ses besoins. Il n'écoute que son côté rationnel, ce que sa tête lui dit entre ce qui est correct ou pas.

Voilà pourquoi il est si important qu'un couple se donne comme but l'harmonie intérieure. Chacun peut évaluer sa propre harmonie intérieure en utilisant sa relation avec le sexe opposé comme point de repère. C'est la meilleure recette que je connaisse pour arriver à vivre une vie intime extraordinaire et durable.

De quelle façon peut-on reconquérir l'amour de son conjoint que l'on croit perdu?

Notez bien les termes que vous employez dans votre question. Vous dites: "L'amour que l'on croit perdu". Vous croyez donc avoir perdu l'amour de votre conjoint. Comment en êtes-vous arrivée à cette conclusion? Lui avez-vous demandé si c'était vraiment le cas? Vous l'a-t-il confirmé? Si non, faites-le pour vérifier jusqu'à quel point vos impressions sont exactes. Il est parfois difficile d'avoir une vision juste de la réalité quand nous sommes en relation avec une autre personne. Dans nos relations intimes cela se complique encore davantage. Vous cherchez présentement une façon de reconquérir l'amour de votre conjoint. Vous savez sans doute comme moi que vous ne pourrez pas le forcer à vous aimer.

Nous sommes tous ici sur Terre pour apprendre à aimer et c'est dans ce but précis que nous avons besoin d'un conjoint. La seule chose que vous pouvez faire, c'est de l'aimer de votre mieux et de l'accepter tel qu'il est aujourd'hui. Il est peut-être attiré par quelqu'un d'autre dans le moment. Il est possible que son amour pour vous ait changé avec le temps. Prenez du temps pour voir ce que vous pourriez faire pour vous aider à traverser cette période de façon harmonieuse.

Par contre, vouloir vous accrocher à quelqu'un qui dit ne plus vous aimer est signe d'une grande dépendance, ce qui n'aide pas à créer de saines relations. Allez identifier à l'intérieur de vous ce qui vous motive tant à vouloir reconquérir son amour. Est-ce que vous croyez ne jamais pouvoir rencontrer quelqu'un d'autre? Craignez-vous de vous retrouver toute seule ou d'être abandonnée? Avez-vous besoin de la présence de votre conjoint pour vous sentir aimée? Êtes-vous capable de vous aimer vous-même, telle que vous êtes? Utilisez cette situation pour devenir plus consciente de ce que vous vivez en dedans de vous. C'est en vous questionnant intérieurement que vous serez en mesure de trouver vos solutions. Que cache ce désir que vous avez de vouloir reconquérir l'amour de votre conjoint?

Quand ce sera plus clair en vous, il sera ensuite important d'en parler à votre conjoint, de lui dire ce que vous croyez et les peurs que vous avez découvertes en vous. En vous ouvrant à lui et en évitant de vouloir le changer, vous faites ainsi face au problème. C'est un excellent moyen pour trouver la solution, peu importe le temps que cela prendra.

Comment m'ajuster à ma partenaire qui ne s'intéresse pas beaucoup à l'évolution dans la façon d'aimer?

Il est clair que vous avez décidé d'apprendre une nouvelle façon d'aimer plus profitable et plus heureuse, avec moins d'émotions. C'est votre choix. Votre conjointe ne s'y intéresse pas? C'est son choix. On entre ici dans le domaine de l'acceptation. Quand deux personnes vivant ensemble ne partagent pas les mêmes opinions, il est nécessaire d'avoir plus de compassion et plus de tolérance de part et d'autre. Cela fait partie de votre apprentissage de l'amour. Vous avez certainement besoin d'apprendre à aimer une conjointe qui pense différemment de vous. Votre partenaire croit sincèrement que sa vision est la bonne. Continuez tout simplement à croire aux choses qui vous plaisent, tout en respectant ses choix personnels. Souvenez-vous, vous êtes ici pour apprendre à aimer et non pour être aimé à votre façon.

Comment faire comprendre à mon époux, sans trop le frustrer, qu'il m'étouffe par sa possessivité? Est-ce possible?

Ce qui ressort le plus de votre question, c'est que vous voulez faire comprendre quelque chose à votre conjoint. La notion "comprendre égale aimer" est sans doute très forte chez vous. Vous pensez que si vous réussissez par la méthode douce à lui faire comprendre que vous étouffez, il vous aimera davantage. C'est tout à fait faux, peu importe la méthode utilisée. Vous n'avez pas à convaincre votre conjoint de quoi que ce soit. Vous vous rendriez bien plus service en lui partageant ce que vous vivez intérieurement sans le blâmer. Si vous l'accusez d'être trop possessif, à coup sûr il sera frustré; il deviendra agressif et se refermera. Quand une personne se sent attaquée, elle se ferme aussitôt. C'est un réflexe automatique chez l'être humain.

Vous dites que votre époux vous étouffe par sa possessivité. Personne au monde n'a le pouvoir d'étouffer quelqu'un d'autre. Par contre, il y a des gens qui se laissent étouffer. Prenez votre courage à deux mains et allez lui parler. Dites-lui ce que vous vivez intérieurement, que vous vous sentez étouffée, que vous avez peur quand vous osez le contrarier et combien vous craignez de vous compliquer la vie et de créer plus de problèmes. Vous parviendrez sûrement à faire le lien entre votre situation présente et une peur que vous avez vécue avec votre père. Votre sensation d'être étouffée n'est qu'une impression, elle ne vient que de vous. Si vous respectiez votre propre espace, personne au monde ne pourrait l'envahir. Vérifiez auprès de votre conjoint si, "par hasard", il ne vous percevrait pas vous aussi comme une personne possessive. En général, dans un couple, les deux personnes ont beaucoup de points en commun. L'un l'exprime ouvertement et l'autre le cache à l'intérieur. N'y aurait-il pas une partie de vous qui serait très possessive envers lui, qui voudrait le diriger, qui aurait peur de le perdre? Vous manifestez peut-être différemment cet aspect de vous, dans un autre domaine par exemple. Il y a sûrement quelque chose à vérifier de ce côté-là.

Vous dites souvent que notre conjoint est notre miroir. J'ai bien de la difficulté à croire cette notion car mon mari et moi sommes le contraire dans presque tous les domaines, comme les sorties, l'argent, l'éducation des enfants, etc. Pouvez-vous m'expliquer davantage cette théorie du miroir?

Le dicton populaire qui dit que "Les contraires s'attirent" a souvent été difficile à expliquer. Plusieurs personnes se demandent: *"Pourquoi avoir marié quelqu'un en sachant au préalable qu'il était le contraire de moi? Suis-je si masochiste?"* De plus, c'est souvent avec les années que les comportements contraires font surface. Au début d'une relation, ce n'est pas aussi apparent parce que les deux espèrent pouvoir changer l'autre au fil des jours. Aussi au début d'une relation, les conjoints ne sont pas réellement eux-mêmes car ils s'efforcent de répondre aux attentes de l'autre.

Cette attirance est explicable car elle répond au besoin qu'a l'âme des humains d'évoluer. Tout comme un miroir nous reflète notre image, notre conjoint nous sert de miroir. Comme il est impossible de voir dans un miroir quelque chose qui ne nous appartient pas, il en va de même avec un conjoint. Ce qui veut dire que je ne peux voir chez un autre que ce qui m'appartient.

Toutefois, pour bien utiliser cette théorie, il est important de se poser la question suivante: *"Qu'est-ce qui me dérange dans ce comportement?"* C'est la réponse à cette question qui s'avère être le reflet de soi. Exemple: un conjoint ne veut jamais sortir et l'autre veut souvent sortir. Ce n'est pas de vouloir sortir ou non qui est le reflet mais ce qui vous dérange dans ce comportement. Si la réponse est: *"Ce qui me dérange est le fait qu'il ne veut jamais me faire plaisir, que je ne suis pas importante pour lui"*, voilà le reflet.

Ensuite, demandez-vous jusqu'à quel point vous voulez vraiment faire plaisir à l'autre ou à vous-même. Vous forcez-vous pour faire plaisir? Vous découvrirez ainsi un aspect de vous. Par la suite, l'étape la plus importante pour vous est de réaliser que vous n'acceptez pas cette partie de vous qui a de la difficulté à faire plaisir. Vous la jugez, vous la critiquez, vous ne vous aimez pas quand elle prend le dessus.

Comme vous êtes sur Terre pour apprendre à aimer et à accepter chaque partie en vous, vous devez donner le droit à cette partie d'exister tout en ayant de la compassion pour elle. Vous devez vérifier ce qui se cache derrière cette difficulté à faire plaisir. Quelle peur s'y cache? Ensuite, vous serez en meilleure position pour accepter cette même peur chez l'autre.

Il se peut même que vous vous disiez: *"Mais non, moi je me fais toujours plaisir ou je fais plaisir aux autres. Je ne suis pas du tout comme mon conjoint."* Ce qui précède est tout simplement en train de vous dire que vous ne vous permettez même pas de ne pas le faire. Se peut-il que parfois vous n'ayez pas le goût de toujours faire plaisir mais que vous vous forciez à le faire car "ne pas faire plaisir" est inacceptable? Vous refoulez donc cette partie de vous plutôt que de la laisser s'exprimer.

Il en va de même pour les qualités que vous admirez chez les autres et que vous ne croyez pas posséder. Vous ne pourriez pas les voir chez les autres si elles ne vous appartenaient pas. La seule différence entre les autres et vous, c'est qu'eux se donnent le droit d'exprimer ces qualités quand vous, vous ne le faites pas.

Alors voilà la raison pour laquelle il est impossible d'avoir un conjoint avec un comportement identique au vôtre car vous n'apprendriez rien ensemble.

Vouloir changer l'autre plutôt que de l'utiliser pour se connaître est aussi ridicule que de se regarder dans le miroir, y voir des rides ou des boutons indésirables et de vouloir changer le miroir à cause des rides et des boutons que vous y voyez.

Comment m'ajuster à un conjoint qui ne s'intéresse pas beaucoup à l'éducation des enfants?

Si vous vous laissez affecter par le fait que votre conjoint ne s'intéresse pas à l'éducation de vos enfants, vous avez certainement beaucoup d'attentes envers lui. Il est nécessaire que vous alliez vérifier quelle entente vous aviez prise à ce sujet avant leur naissance. En aviez-vous parlé? S'était-il engagé à s'en occuper? Son statut de père de famille ne l'oblige pas automatiquement à s'intéresser à l'éducation de ses enfants. Dans sa façon de penser, l'éducation des enfants relève peut-être plus du rôle de la mère. L'idée qu'il pourrait y contribuer ne lui a peut-être jamais traversé l'esprit. La première chose à faire est de vérifier, le plus tôt possible, quelles sont ses croyances à ce sujet. Y a-t-il déjà pensé? Pour lui, il était peut-être très clair que si vous aviez des enfants, tous ces détails vous reviendraient.

Comme pour la plupart des couples, la base de votre mésentente est le manque de communication. La seule façon de vous mettre d'accord ou d'en arriver à un compromis, c'est d'en parler ouvertement avec lui. Déterminez ensemble ce que chacun peut faire pour les enfants. Il est fort probable que la plus grande partie de l'éducation des enfants vous revienne mais, au moins, ce sera clair. Je vous suggère fortement de mettre aussi les enfants au courant. Toute la famille pourra ainsi apprendre à accepter le fait que leurs attentes ne seront peut-être pas toujours satisfaites mais qu'il est possible d'être heureux malgré cela.

Comment me faire aimer de ma belle-mère qui ne m'accepte pas telle que je suis? Je veux l'aider car je la crois malade psychologiquement et de plus, cela m'aiderait dans ma relation avec mon mari.

Quand il y a un conflit entre belle-mère et belle-fille, il est très probable que la relation intime du couple en soit affectée. Quand une belle-mère est très possessive avec son fils et accepte difficilement sa belle-fille, c'est souvent le signe que leur complexe d'Oedipe respectif n'est pas résolu. Demandez à votre mari comment il vit sa relation avec sa mère. Est-il prêt à ce que vous l'aidiez? En ce qui vous concerne, vous n'avez pas besoin de vous faire aimer de votre belle-mère. Donnez-lui simplement le droit d'être ce qu'elle est et apprenez à l'accepter telle qu'elle est. Sa façon d'aimer son fils est basée sur la peur de perdre son amour. C'est la seule façon qu'elle connaisse. Vous n'avez pas à avoir la même peur. Allez aussi vérifier du côté de votre propre relation avec votre père. Ce que votre mari vit avec sa mère ressemble sans doute étrangement à ce que vous vivez avec votre père, même si c'est inconscient.

Mon conjoint juge continuellement tout le monde à haute voix. Moi je m'efforce de ne pas juger les gens. Cela m'agace énormément surtout parce qu'il se sent bien là-dedans. Il ne se sent pas coupable du tout. Comment arriver à fonctionner dans cette situation sans me laisser affecter? Y a-t-il un danger que je devienne comme lui, même si je ne le veux pas? Est-ce que je peux quand même réussir à vivre une relation harmonieuse avec lui?

Votre question dit bien que vous vous efforcez de ne pas juger les autres et que cela vous agace que quelqu'un d'autre le fasse ouvertement. Donc, peu importe qui porte un jugement, cela vous agace et vous dérange. Lorsque des situations dérangeantes se présentent ainsi, c'est pour vous aider à voir des aspects de vous que vous gardez dans l'ombre. Une partie de vous a décidé de ne pas juger car, pour cette partie, ce comportement est inacceptable. Une autre partie de vous aimerait bien se le permettre de temps en temps mais ne le peut pas car elle est réprimée. Elle ne peut pas s'exprimer car l'autre partie qui est dominante l'écrase toujours.

Nous sommes continuellement entourés de gens que nous pouvons utiliser comme nos miroirs, particulièrement les conjoints. Vous êtes en compagnie d'un conjoint qui critique parce que vous avez besoin de voir cette partie de vous-même que vous n'acceptez pas, que vous ne voulez pas voir. Vous vous demandez si vous risquez de devenir comme lui avec le temps. Selon toute apparence, vous êtes inconsciente du fait que vous l'êtes déjà. Tout ce qui le différencie de vous, c'est qu'il exprime ouvertement sa partie critique car elle est dominante, contrairement à la vôtre. Votre conjoint entend sûrement lui aussi une petite voix qui lui dit parfois que ce n'est pas correct de critiquer. Demandez-lui s'il lui arrive de se sentir coupable. Je suis persuadée qu'il se dit parfois: *"J'aurais peut-être dû y aller moins fort"*. Cependant, il ne donne que rarement le droit à cette partie-là de s'exprimer. Il se peut aussi qu'elle soit complètement étouffée.

Un excellent moyen d'en arriver à vivre une relation intime harmonieuse à ce niveau est d'admettre que vous êtes semblables. Votre conjoint donne libre cours à ses critiques tandis que vous, non. Vous aimeriez pouvoir le faire ouvertement mais vous le faites surtout intérieurement. Votre question le révèle: vous critiquez et jugez votre mari. Le jour où vous serez capable de lui dire: *"Tu sais, je te juge sans cesse parce que tu critiques beaucoup. Pour parler franchement, j'ai la critique facile moi aussi. La seule différence est que je suis incapable de le faire ouvertement: j'ai peur de ne pas être aimée si je me le permets. Alors je garde mes critiques pour moi et j'essaie de me convaincre que je suis irréprochable. Maintenant, quand je te vois le faire ouvertement, je sais que cela reflète une partie de moi que je n'aime pas voir. Dans le fond, nous sommes pareils. Ce n'est pas pour rien que nous sommes ensemble."* Vous verrez qu'en vous donnant le droit de critiquer, vous donnerez le droit à votre mari de le faire aussi. Cela ne vous dérangera plus.

Quand une personne est portée à critiquer, elle est tout simplement en train d'exprimer les reproches qu'elle se fait intérieurement. Une critique n'est pas toujours nuisible et peut, bien au contraire, être très constructive. Il s'agit de nous accepter avec nos critiques et d'apprendre à discerner une critique constructive d'une critique destructive. Plus vous apprendrez à utiliser votre capacité de jugement à bon escient, plus vous serez en mesure d'approfondir votre discernement.

Avez-vous un exemple à donner qui permettrait à deux personnes en chicane de se réconcilier. En d'autres mots, dès que je réalise que je me chicane que pourrais-je dire pour retrouver l'harmonie?

Vous avez déjà fait une prise de conscience. Vous réalisez que vous êtes en train de vous chicaner et que cela ne rapporte rien de bon à personne. Choisissez un moment où vous n'êtes pas en chicane pour vous asseoir avec votre compagne et en parler. Vous pourriez trouver des trucs pour vous en sortir. Par exemple, l'un pourrait faire rire l'autre ou encore, vous pourriez convenir d'un mot de passe. En y réfléchissant à deux, vous finirez par trouver la méthode qui vous convient le mieux. L'important est que vous reconnaissiez ce qui vous arrive, que cela ne vous donne rien de bon et que vous n'arriverez pas aux résultats désirés en vous chicanant. Dès que deux êtres ont tous les deux le désir sincère d'adopter un nouveau comportement, le problème est déjà réglé en partie. En vous accordant du temps pour penser aux différents moyens que vous pourriez utiliser, je suis sûre que vous mettrez le doigt sur une solution. Soyez patient avec vous-même; les vieilles habitudes sont parfois longues à déloger mais elles sont loin d'être irrémédiables.

Comment m'y prendre pour arriver à discuter avec mon conjoint lorsque celui-ci se met à crier dès que j'ouvre la bouche pour lui parler? Je sais que c'est par peur de ne pas avoir raison mais je ne sais pas comment commencer une discussion sans que cela tourne au vinaigre dès le début.

Quand une personne est facilement sur la défensive, c'est signe qu'elle se sent accusée. Allez vérifier au dedans de vous si vous n'aviez pas quelque espoir de lui faire comprendre quelque chose, et ce, dans le but de vous donner raison. Dans quel but discutez-vous avec lui? Est-ce pour le faire changer d'attitude ou de comportement? Si tel est le cas, il doit être très sensible à ce qui émane de vous. Quand deux personnes vivent ensemble depuis plusieurs années, elles se ressentent mutuellement et facilement, même à grande distance. Votre mari peut avoir une peur bleue d'être pris en défaut et de ne plus se sentir aimé. C'est le petit garçon en lui qui a peur. Pour lui, c'est comme s'il se faisait gronder par sa mère.

Au lieu de discuter pour discuter, pourquoi n'essayez-vous pas plutôt de le faire parler et de l'écouter véritablement. Demandez-lui comment il se sent. A-t-il le goût d'en parler? Il n'est pas obligé d'avoir envie de parler au moment même où vous êtes prête à l'écouter. Sentez le petit garçon en lui qui a peur et ayez de la compassion pour ce qu'il vit. Si ses réactions ne se transforment pas graduellement, alors il est temps de regarder à l'intérieur de vous. Observez la partie de vous qui veut tant se faire comprendre dans le but de se donner raison. Vous dites qu'il a peur de ne pas avoir raison mais votre attitude est-elle si différente de la sienne? Vous voulez qu'il comprenne votre point de vue plutôt que de voir que vous êtes pareille à lui. La seule différence est dans votre façon de l'exprimer: votre mari s'y prend en criant et vous, en vous contrôlant. Se contrôler n'est pas toujours la meilleure solution. Tôt ou tard, les personnes qui se contrôlent continuellement finissent par perdre le contrôle. Dites à votre mari que vous êtes en train de regarder ce qui se passe à l'intérieur de vous. Soyez franche avec lui. Dans le fond, vous voulez avoir raison parce que vous êtes certaine d'avoir raison! Vous n'êtes pas bien différente de lui et c'est justement ce qu'il vous aide à voir en vous-même.

Je me fais souvent dire que je vais rencontrer quelqu'un qui sera comme mon ex-conjoint, c'est-à-dire avec le même profil psychologique. Dans quelle mesure est-ce vrai? Vous dites vous-même avoir rencontré une personne semblable à votre ex-conjoint. Mon mari était alcoolique. Est-ce à dire que je rencontrerai un autre alcoolique?

Nous sommes attirés par des personnes ayant le même profil psychologique quand nous avons besoin de compléter ce que nous n'avons pas voulu régler dans le passé. Pour que cela ne se reproduise plus, il faudrait qu'au moment de votre séparation, vous ayez totalement accepté votre conjoint et que vous ayez cessé de le juger. Vous n'auriez plus besoin alors de rencontrer quelqu'un comme lui parce que votre travail d'acceptation aurait été complété. C'est ce que j'appelle vivre une séparation dans l'amour. Nous sommes ici pour apprendre à nous aimer dans tous nos aspects et les conjoints que nous choisissons sont là pour nous aider à voir les parties de nous que nous rejetons. Nous savons qu'elles sont là mais nous refusons souvent de les accepter.

Ce qui vous dérangeait chez votre mari est le fait qu'il était alcoolique. L'alcoolisme est une dépendance. Votre premier conjoint était donc là pour vous aider à voir votre propre dépendance. De qui ou de quoi êtes-vous dépendante? Du sucre, de la cigarette, des médicaments? Êtes-vous dépendante de la présence de quelqu'un d'autre? Comment vous acceptez-vous? Quand l'acceptation de votre dépendance aura été complétée, vous n'aurez plus besoin de rencontrer une autre personne dépendante. Maintenant, comment savoir si votre processus d'acceptation est complété ou non? Imaginez simplement que vous recommencez à vivre avec un alcoolique. Cela vous dérange-t-il encore? Si oui, regardez ce qui vous dérange. Est-ce son alcoolisme comme tel ou les conséquences que son choix engendre sur votre vie? Dans le premier cas, votre processus n'est pas complété; dans le deuxième cas, vous avez raison de refuser de vous mettre dans une position où vous auriez à subir les conséquences du choix de quelqu'un d'autre.

Cependant, une dépendance n'est pas nécessairement permanente. Dans le cas d'un conjoint alcoolique, que ce soit l'ex-conjoint ou un futur conjoint, l'important est de parvenir à vous voir à travers lui et de réaliser à quel point vous êtes tout aussi dépendante que lui. Si vous pouvez lui exprimer ce que vous avez découvert, c'est encore mieux. Vous pourriez par exemple lui dire: *"Je suis aussi une personne dépendante; je dépends de toi pour ma survie ou ma sécurité financière."* Ou bien encore: *"Je suis dépendante de la cigarette."* Quelle que soit votre dépendance, remerciez-le de vous avoir aidée à vous voir. Vous étiez deux grands dépendants vivant ensemble. Une dépendance n'est permanente que si elle n'est pas acceptée. L'accepter ne veut pas dire vouloir la garder mais bien se donner le droit d'avoir cette dépendance présentement. Vous acceptez l'idée que vous dépendez de quelqu'un ou de quelque chose pour votre bonheur parce que vous ne vous estimez pas assez. À partir du moment où vous acceptez votre dépendance, le travail de guérison commence et vous devenez graduellement de moins en moins dépendante.

J'ai un mari qui a une peur bleue de manquer d'argent même s'il a un travail permanent et même s'il a une conjointe qui a une sécurité d'emploi. Que faire et que lui dire?

Avez-vous déjà essayé de le faire parler de ses craintes, tout simplement? Lui avez-vous demandé s'il s'est posé des questions à ce sujet, s'il y a réfléchi? Son père avait-il peur de manquer d'argent? Si oui, comment se sentait-il, enfant, quand il voyait son père avoir peur? L'a-t-il jugé? Lorsque nous avons jugé nos parents, nous finissons toujours par devenir comme eux. Il serait intéressant de faire parler votre mari sans toutefois chercher à le raisonner ni à lui faire la morale. Écoutez-le, posez-lui d'autres questions et accueillez-le dans son expérience. De cette façon, vous l'aidez à devenir plus conscient et à réaliser que sa peur n'est pas fondée.

C'est son imagination débordante qui lui joue des mauvais tours. Il se rend malheureux et s'il continue à alimenter sa peur, elle aura de plus en plus de pouvoir dans sa vie. Demandez-lui comment il se sent avec cette peur. Est-il conscient de son ampleur? Ce n'est peut-être pas du tout évident pour lui. Dites-lui qu'il se vend de bons livres sur le sujet; vous pouvez aussi lui suggérer de suivre un cours ou s'il préfère, une thérapie personnelle pour apprendre à dépasser ses peurs. Quand quelqu'un vit une telle peur, voyez toujours l'enfant à l'intérieur de cette personne. Votre mari étant petit garçon a possiblement vécu une grande peur qu'il a refoulée au plus profond de lui. C'était tellement douloureux pour lui à l'époque qu'il ne s'est pas permis de la vivre jusqu'au bout et elle est encore là, bloquée, à l'intérieur de lui.

Dites-moi pourquoi on emploie l'expression "tomber en amour"? Je pense que l'on devrait plutôt utiliser l'expression "s'élever en amour". Êtes-vous d'accord?

Je suis plutôt d'accord avec l'expression "tomber en amour". Lorsqu'une personne tombe en amour, elle n'est plus vraiment elle-même car son bonheur dépend alors totalement de la présence de l'autre personne. Elle ne vit que pour l'instant où elle sera de nouveau en sa compagnie. Elle a l'impression de flotter dans les airs mais cette sensation n'est qu'une illusion. Elle est créée par une surcharge d'énergie émotive qui, pour se maintenir chargée, nécessite absolument la présence de l'autre. Privée de cette présence, la personne ressent un vide à combler. Alors, l'euphorie du départ fait place à la souffrance d'aimer, appelée communément la peine d'amour. Quand quelqu'un nous dit: *"Je suis tombée en amour"*, il s'agit d'un amour-passion. Dès que la passion s'estompe, les amoureux tombent de haut.

L'amour véritable, inconditionnel, commence quand deux êtres ont passé le stade de tomber en amour. Avec l'amour véritable, nous sommes loin de l'impression de tomber, nous avons plutôt le sentiment d'ÊTRE, surtout d'être bien. C'est un amour confortable. Nous disons alors: *"Je suis en amour"*.

Je suis à peu près certaine que mon mari me trompe. J'ai trouvé toutes sortes de choses qui ne

sont pas à moi dans ma chambre et j'ai entendu certaines conversations téléphoniques suspectes. On me rapporte même des paroles ou des faits qui pourraient confirmer cela. Si je comprends bien, je devrais lui dire que je suis au courant mais il me semble que je devrais le prendre sur le fait avant de pouvoir l'accuser. Il me mentira sûrement encore. Devrais-je le voir comme quelqu'un qui a peur et lui dire qu'il a besoin d'aide?

Il est clair que votre mari essaie de vous pousser à le confronter par tous les moyens. Il a peur d'en parler lui-même et veut que vous fassiez les premiers pas. Il sait que vous êtes au courant puisqu'il s'est assuré de laisser des indices dans votre chambre. Il doit même être surpris que vous ne l'ayez pas encore confronté. Vous vivez donc tous les deux la même peur. Il a peur de vous en parler et vous avez peur de lui en parler! Il est temps que vous fassiez un travail intérieur pour identifier ce que vous vivez. Pour vous guider, voici quelques questions: Avez-vous peur de le perdre? De vivre seule? D'être abandonnée? Quel est le degré de votre peur? Comment vous sentez-vous à l'idée de le confronter et de risquer une éventuelle rupture? Quel est le pire qui pourrait vous arriver?

Une fois que vous êtes consciente de ce que vous vivez intérieurement, allez le partager à votre mari. Parlez-lui de vos peurs. Vous pourriez par exemple lui dire: *"Je suis au courant depuis longtemps mais je préférais faire semblant de ne rien voir. J'avais peur de t'en parler, tout comme toi."* Parlez-lui de ce qui se passe en vous. Vous ne pouvez pas forcer votre mari à vous révéler ses peurs, surtout si elles sont plus fortes que les vôtres.

Vous devez vous aider vous-même en premier lieu et il est évident que vous devez passer à l'action le plus vite possible. Si vous continuez à attendre qu'il se décide, vous ne faites que reporter à plus tard une situation qui de toute façon est déjà désagréable. Tôt ou tard, vous aurez à y faire face.

Dans votre question, vous dites aussi que vous voulez le prendre sur le fait pour pouvoir l'accuser. Avant de passer aux accusations, souvenez-vous des engagements que vous aviez pris au début de votre union. En avez-vous reparlé depuis votre mariage? Y avait-t-il eu promesse de fidélité? Avez-vous déjà discuté de l'éventualité où l'un de vous pourrait être attiré par quelqu'un d'autre? Si oui, aviez-vous décidé de vous le cacher ou de vous en parler? Si vous n'avez jamais eu de discussion à ce sujet, comment pouvez-vous savoir si cet homme s'était engagé? Vous ne pouvez pas l'accuser d'avoir manqué à sa promesse puisqu'il n'y avait jamais eu de promesse véritable. Vous allez me dire: *"On s'est marié, c'est automatique, il y a eu promesse"*. Pas du tout! Le contrat légal, le bout de papier signé lors d'un mariage ne dit pas nécessairement ce qui se passe dans le coeur des conjoints. Une promesse de fidélité est une entente qui se conclut dans l'intimité entre les conjoints au moment de l'engagement, coeur-à-coeur.

Est-ce important d'exprimer ses sentiments, de dire ce que l'on ressent à son conjoint et ce, dans tous les domaines?

Plus vous serez capable de vous révéler à votre conjoint et plus vous deviendrez de grands amis. Votre relation deviendra plus intime et durable.

Mais attention, n'oubliez pas que si vous avez décidé de lui parler de vos sentiments et de ce que vous ressentez, ceci est votre choix. Faites-le dans le but de vous aider à exprimer ce que vous vivez et non avec l'espoir caché qu'il vous comprenne ou qu'il se révèle à son tour.

Mon mari était un charmeur et je l'ai quitté. Pourquoi suis-je toujours portée à rencontrer des charmeurs?

Pour commencer à y voir clair, vous devez d'abord regarder ce qui vous dérange chez les charmeurs. Le fait que vous soyez toujours attirée par ce genre de personne et ce, même si cela vient vous chercher, indique qu'il y a quelque chose dans cette attitude qui vous appartient. Ce qui vous dérange chez les charmeurs est un aspect de vous que vous ne voulez pas voir.

Qu'est-ce qu'un charmeur pour vous? Est-ce un homme qui charme toutes les femmes et qui est infidèle? Est-ce quelqu'un qui raconte n'importe quoi pour vous enjôler et qui n'est pas vrai? Est-ce que "être charmeur" se rapproche de "être manipulateur"? L'important est que vous regardiez ce qui vous dérange le plus. Ces situations sont simplement en train de vous dire que vous auriez intérêt à porter attention à un aspect de vous qui vous dérange et que vous rejetez. Vous ne voulez pas voir qu'il vous arrive aussi d'user de vos charmes. Vous l'exprimez peut-être d'une façon différente de vos compagnons mais la motivation est la même. Il y a aussi une autre partie de vous qui vous dit que ce n'est pas correct d'être charmeuse.

Dites-vous bien qu'être charmeur n'est pas automatiquement synonyme de "pas correct".

Comme avec n'importe quel autre comportement, c'est votre motivation que vous devez regarder. Il est sage de tenir compte des deux côtés d'un même comportement et d'accepter qu'il peut parfois être bon d'être charmeur et d'autres fois non. Ici encore, nous devons utiliser notre discernement et cesser de cataloguer une attitude comme étant soit "bonne", soit "mauvaise".

Pourquoi ai-je peur d'entreprendre et de m'impliquer dans une relation avec une femme?

Vous devez être le genre de personne qui ne vit pas son moment présent et vous devez avoir beaucoup d'attentes face à l'avenir. Si seulement vous auriez l'assurance que cela pourrait durer, vous seriez sûrement prêt à vous impliquer dans une relation, n'est-ce pas? Vous voulez à tout prix éviter de souffrir. Vous vivez soit dans le passé, soit dans le futur. Vos hésitations sont sans doute basées sur une expérience passée douloureuse, d'où la crainte de la voir se répéter en vous impliquant dans une nouvelle relation. Vous vous inquiétez de l'avenir parce que vous n'avez pas encore appris à vivre votre moment présent. Le bonheur se vit dans l'instant présent. L'idéal serait que vous appreniez à vous laisser aller un peu plus. Si vous vous sentez bien avec une personne, permettez-vous de vivre ce que vous avez à vivre. Savourez chaque instant comme si c'était le moment le plus important de votre vie. Rien ne vous empêche de continuer à souhaiter que cela dure mais vous vous rendrez un grand service en arrêtant de vouloir contrôler le futur. En lâchant prise du passé et en vous abandonnant à ce qui arrive maintenant, il vous arrivera toujours ce qu'il y a de mieux pour vous.

J'ai tout fait pour décourager ma compagne de vie d'acheter une oeuvre d'art. Pour moi, c'est de la folie car c'est une oeuvre d'art très dispendieuse. Que dois-je faire pour la comprendre ou l'accepter? Aidez-moi car je ne peux plus accepter une telle situation.

Vous dites que vous ne pouvez plus accepter que votre compagne se permette des folies et qu'elle s'achète des choses très dispendieuses. Se pourrait-il que vous aussi vous aimeriez de temps en temps pouvoir vous payer des petits luxes et que vous ne le fassiez pas? Vous empêchez-vous de vous gâter parce qu'une petite voix à l'intérieur de vous vous dit que ce n'est pas correct?

À travers ses agissements, votre compagne est en train de vous refléter une partie de vous-même que vous ne voulez pas voir. Quand le goût vous prend de vous payer des petits luxes, vous devez sans doute le refouler et vous contrôler très fort. Il n'est pas étonnant qu'il vous soit si difficile d'accepter qu'elle se le permette. Ce n'est pas par hasard que nous sommes attirés par une personne plutôt qu'une autre. Votre compagne est tout simplement là pour vous aider à connaître certains aspects de vous et à les accepter. Vous devez apprendre à aimer votre petit côté "pas raisonnable" qui aimerait bien pouvoir se payer des folies parfois.

Vous pourriez également aller vérifier auprès d'elle comment elle vous perçoit. Il est possible qu'elle vous trouve très dépensier à d'autres niveaux. Si tel est le cas, la réalité est que vous aimez dépenser tous les deux mais dans des domaines différents. Il se peut que vous ne vous le permettiez pas du tout, ce qui s'appelle du contrôle. Une attitude de contrôle est une expression de peur. Êtes-vous prêt à laisser vos peurs vous diriger et rendre votre vie misérable au point d'affecter votre relation de couple? Vous avez le choix. Avant de faire votre choix, examinez les conséquences possibles et soyez prêt à en assumer la responsabilité.

Je suis fâchée contre mon mari qui me méprise et me critique souvent. Il m'abaisse et je me demande pourquoi je continue à vivre avec lui. Je me dis qu'il va changer un jour et qu'il finira par m'accepter telle que je suis.

Vous continuez à vivre avec votre mari parce que vous vous êtes créé un idéal de relation intime et vous vivez dans l'attente du jour où cet idéal se manifestera. Vous ne vivez pas votre moment présent. Je ne vous dis pas que vous devez cesser d'espérer mais plutôt que vous avez besoin de faire face à la réalité. Vous n'acceptez pas du tout votre mari et lui ne semble pas vous accepter non plus. Vous tolérez la situation en espérant qu'un jour tout s'arrangera. Vous vivez dans le futur, coupée de votre réalité présente. Comment vous sentez-vous aujourd'hui dans votre relation intime? Avez-vous réellement la force de tolérer la situation présente? Il n'y a aucune garantie de succès, alors êtes-vous prête à prendre ce risque? Allez vérifier à l'intérieur de vous. Vous sentez-vous prête à continuer dans les mêmes conditions? Si vous n'en pouvez plus, il est temps de mettre cartes sur table: vous n'êtes pas heureuse et votre mari ne le semble pas plus que vous. Donnez-lui l'heure juste. Dites-lui exactement ce que vous vivez intérieurement, comme par exemple: *"La situation est trop difficile, je ne vois plus de possibilité de continuer ainsi. C'est trop pour moi"*.

Il est important de respecter vos limites car personne sur Terre, ni aucun Dieu au monde, ne vous demande d'être malheureuse ou misérable. Dieu c'est l'amour, l'harmonie et le bonheur que nous recherchons tous. Nous ne sommes pas obligés de supporter une situation devenue intolérable. Vous n'êtes pas faite pour vivre que d'espoir. Pour créer la situation que vous voulez, vous devez passer à l'action. Vous avez le pouvoir de créer votre vie et vous devez parler à votre conjoint en toute franchise. Exprimez-lui ce que vous vivez et demandez-lui ce qu'il vit de son côté. Est-il heureux? A-t-il le goût de continuer ainsi?

Il se peut même que vous en arriviez à décider de vous séparer temporairement. Plusieurs personnes ont réussi à régler leurs différends de cette façon-là. Il est nécessaire que vous appreniez à communiquer sans vous insulter ni vous critiquer mutuellement. Demandez-vous comment vous vous sentez, ce que vous voulez dans la vie. Une fois que vous le saurez, passez à l'action. Dans un couple, il y a toujours un des deux conjoints qui a plus de facilité que l'autre à passer à l'action. Je vous suggère de prendre votre courage à deux mains et d'utiliser votre force intérieure pour passer aux actes. Si vous attendez que votre conjoint le fasse, il se peut que vous attendiez très longtemps. Qui sait, peut-être attend-il avec impatience que vous vous affirmiez dans le but de vous respecter davantage et de créer une nouvelle relation agréable pour les deux.

Je me dis que je continue à rester avec mon mari parce qu'il serait perdu sans moi. Est-ce que je me raconte des blagues?

Votre mari serait peut-être effectivement perdu sans vous mais avez-vous déjà pensé que vous seriez peut-être tout aussi perdue sans lui? D'après ce que vous dites, il est très dépendant de vous. Est-il possible que vous soyez dépendante de sa dépendance envers vous? Il est probable que vous aimiez jouer à la mère avec lui.

Quand vous aurez pris conscience de votre propre dépendance, allez le trouver et parlez-lui. Planifiez-vous des moments d'intimité pour communiquer et vérifier comment vous vous sentez intérieurement. Dites-lui aussi ce que vous venez de me dire et demandez-lui s'il peut le confirmer. Vous pourriez l'approcher de la façon suivante: *"Imaginons pour le moment que nous ne sommes plus ensemble tous les deux. Te sentirais-tu perdu sans moi? J'ai cette impression et je commence à me poser de sérieuses questions là-dessus. Je veux pouvoir en discuter avec toi parce que je me demande si je me raconte des blagues. Peut-être serais-je aussi perdue sans toi. Peut-être même plus!"* Parlez-en ouvertement comme deux grands amis, même si cela vous demande beaucoup de courage pour entamer la conversation. Vous vous sentirez tous les deux beaucoup mieux par la suite.

J'ai de la difficulté avec mon conjoint présentement. Il me dit que nous ne sommes pas faits l'un pour l'autre, qu'il aurait dû me tromper lors de notre dernier voyage, que cela aurait mis fin à notre union. Il dit que je suis la cause de notre mauvaise relation. Qu'en pensez-vous?

Êtes-vous heureuse de partager votre vie avec un homme qui ne veut plus de vous? Il serait bon que vous alliez voir à l'intérieur de vous ce qui vous motive autant à vous accrocher à lui. Qu'est-ce qui vous fait peur? Comment vous sentez-vous à l'idée que c'est peut-être à cause de vous que la relation a échoué? Votre conjoint réussit-il à vous faire sentir coupable quand il vous accuse? Avez-vous consciemment fait des choses pour nuire à votre union? À mon avis, vous n'êtes pas coupable de rien mais vous êtes sûrement du genre à vous sentir coupable facilement.

Votre conjoint est en train d'exprimer tout haut ce que vous croyez au plus profond de vous. Il est là pour vous aider à voir la partie de vous qui vous fait constamment des reproches. Il est urgent que vous vous parliez et que chacun de vous exprime ce qu'il veut vraiment. Faites-lui part de vos peurs, dites-lui pourquoi vous vous accrochez tant à lui. Surtout, n'allez pas le trouver dans le but de lui faire comprendre quelque chose ou de l'amener vers ce que vous voulez. L'idée est que vous lui parliez ouvertement de ce que vous vivez intérieurement. Faites-le parler à son tour. Allez-y une étape à la fois, laissez-vous guider dans ce processus. S'il vaut mieux que vous vous quittiez, faites votre possible pour que cette séparation se fasse harmonieusement, dans l'amour. Vous vous retrouverez peut-être un jour, qui sait? De toute façon, qu'avez-vous à perdre? Être avec quelqu'un qui ne veut plus de vous ne doit pas vous rendre la vie bien agréable.

Après vingt ans de mariage, dont dix-huit de bonheur, j'ai divorcé. J'ai ensuite rencontré un homme idéal avec qui j'ai cheminé quelques années jusqu'à son décès dramatique, il y a six mois. Depuis ce temps, j'ai très peur de retomber en amour, peur de revivre ces moments traumatisants. Pouvez-vous commenter s'il-vous-plaît, je me sens inaccessible.

Il est évident que vous avez très peur et que derrière votre peur de tomber en amour s'en cache une autre encore plus grande: la peur d'être abandonnée à nouveau. De telles circonstances vous arrivent pour que vous preniez conscience de votre peur d'être abandonnée et pour que vous appreniez à vivre votre moment présent. Vous utilisez présentement vos expériences passées pour décider de votre présent. En continuant d'avoir peur que les mêmes événements se reproduisent, vous revivez continuellement votre passé. Plus vous mettez d'énergie sur le passé et plus vous vous assurez de revivre d'autres circonstances semblables, d'autres abandons. Vous devez utiliser votre passé pour vous aider à réaliser à quel point votre peur d'être abandonnée vous empêche de vivre votre moment présent.

Faites davantage confiance à la vie et graduellement vous serez en mesure de dépasser votre peur. Vivez votre moment présent dans la joie et laissez-vous guider par votre **DIEU** intérieur. Si vous rencontrez quelqu'un sur votre route, ouvrez-vous à la joie et au plaisir. Sachez accueillir ces moments avec simplicité. Cessez de croire que parce que vous aimez quelqu'un, il est vôtre pour le reste de votre vie. Nous sommes ici sur Terre pour aimer et non pour posséder quelqu'un. Dans votre cas, vous avez l'occasion d'apprendre à aimer différentes personnes. Si vous rencontrez quelqu'un, l'important est que vous l'aimiez le plus possible, sans vous y accrocher. Vous devez apprécier l'autre pour ce qu'il vous apprend sur vous-même et non parce qu'il complète votre vie. L'amour que vous avez pour vous-même doit être pleinement satisfaisant; une autre personne dans votre vie doit tout simplement être le glaçage sur votre gâteau.

Pouvez-vous me dire comment amener mon conjoint à accepter mon évolution personnelle sans pour cela briser notre vie de couple?

Lorsque votre conjoint n'accepte pas votre cheminement personnel, c'est que vous avez vous-même de la difficulté à accepter qu'il ne suive pas le même rythme que vous. Votre vie de couple n'est nullement en danger si vous acceptez l'idée qu'il n'utilise pas les mêmes outils que vous. Se peut-il que vous croyiez que vous êtes plus évoluée que votre conjoint? Ceci est très dangereux pour l'orgueil spirituel! La façon d'évoluer est un choix très personnel. Vous devez respecter les choix de votre mari. S'il ne veut pas utiliser les mêmes moyens que vous, c'est sa décision et elle fait partie de son plan de vie. À chacun sa voie! Si vous voulez conserver votre vie de couple, cessez de croire que vous êtes plus évoluée que votre conjoint.

Que faire quand notre compagnon de vie accumule de la nourriture, du linge dans les garde-robes, des papiers, etc? Je n'agis pas ainsi et je trouve cela bien difficile.

Avez-vous déjà essayé d'exprimer ce que vous vivez à votre conjoint sans vouloir gagner et sans vouloir le changer? Avez-vous envisagé des solutions qui pourraient vous satisfaire tous les deux? Le fait de vivre sous le même toit signifie que la maison appartient également aux deux. D'un commun accord, vous pourriez choisir une partie de la maison qui serait son coin à lui où il pourrait accumuler tant qu'il veut. Ce n'est pas parce que vous vivez ensemble que vous devez avoir les mêmes goûts. Si vous pouviez tout de suite arriver à une belle entente mutuelle, ce serait merveilleux; mais il vous faut d'abord arrêter de vouloir le changer. Donnez-lui la permission d'être comme il est. Sentez la peur qui se cache derrière son attitude. Votre conjoint a certainement peur de manquer de quelque chose.

Le fait d'avoir été attirée par un conjoint qui a peur de manquer de biens matériels n'est pas le fruit du hasard! Il est là pour vous refléter une de vos peurs. De quoi avez-vous peur de manquer? Qu'accumulez-vous? De l'argent? Des recettes? Des livres? Des connaissances? Ou se peut-il que vous n'osiez jamais dire “non” de peur de passer à côté de quelque chose d'intéressant?

Une fois que vous serez consciente de votre propre peur, réalisez qu'en réalité vous êtes tous les deux semblables mais que vous l'exprimez de façon différente. En sachant que votre peur n'est que temporaire, acceptez-vous et donnez-vous le droit d'être telle que vous êtes. Vous verrez que votre peur diminuera graduellement jusqu'au jour où vous aurez plus confiance en la vie. Pour l'instant, vous devez vous donner le droit, ainsi qu'à votre mari, d'accumuler chacun dans votre domaine. La solution la plus acceptable de part et d'autre est de vous donner tous les deux l'espace nécessaire pour accumuler librement tout ce que bon vous semble.

J'avais une vie très active et abondante; le message que mon mari m'a laissé en se suicidant, je ne le comprends pas. Je cherche depuis un an et demi. Avant de partir, mon mari a dit qu'il n'était plus capable de me suivre dans mon évolution et maintenant, j'ai peur de recommencer la vie active que je menais. Que puis-je faire?

Personne n'est responsable du suicide de quelqu'un d'autre. Votre mari a choisi cette façon de terminer sa vie et son choix n'appartient qu'à lui. Vous croyez-vous réellement coupable de son suicide? Allez vérifier à l'intérieur de vous, vous reconnaîtrez sûrement que vous n'avez jamais voulu - consciemment ou inconsciemment - qu'il parte de cette façon-là. Vous n'étiez probablement pas consciente de ce qu'il vivait intérieurement et même si vous l'aviez été, vous n'auriez pas pu y changer grand chose. Sa façon de réagir à votre vie active et abondante lui appartient, tout comme sa décision de s'enlever la vie. Il aurait pu choisir bien d'autres solutions pour s'ajuster à votre rythme. Par exemple, il aurait pu choisir de mener une petite vie simple et tranquille tout en vous laissant suivre votre rythme. Mais non, il s'est dit qu'il n'avait plus rien à faire dans cette vie. Quelle que soit la motivation derrière ce choix, cela ne concerne que lui.

Vous avez maintenant la responsabilité de votre vie et vos choix vous appartiennent. Vous pouvez choisir de continuer à avoir peur pour le restant de vos jours et à vous sentir coupable pour ce qui est arrivé dans le passé. Vous pouvez aussi décider: "Moi, je veux vivre. Que veut dire vivre pour moi?" Nous avons chacun notre définition de la vie. Si ce qui vous rend heureuse est de mener une vie riche en activités, il est important que vous vous aimiez assez pour répondre à vos besoins et à vos désirs. Si votre mari était en désaccord avec vos goûts, cela ne veut pas dire qu'ils n'étaient pas corrects. Il s'agit tout simplement d'un choix personnel.

Comment peut-on combler l'absence de tendresse dans notre vie? Je donne de la tendresse aux autres sans compter mais moi, j'en manque de plus en plus.

Croyez-vous que nous récoltons ce que nous semons? Alors vous devez sûrement vous demander pourquoi vous recevez si peu de tendresse alors que vous en donnez tant. Dans un cas comme le vôtre, allez vérifier la motivation qui se cache derrière votre besoin de donner de la tendresse. Est-ce véritablement un don gratuit? Vous devez certainement avoir peur d'en manquer puisque c'est ce que vous récoltez. Quand vous donnez par peur de ne pas en recevoir assez, vous donnez avec attentes. Votre manque se fait donc sentir de plus en plus. Parce que vous ne donnez pas de façon généreuse, inconditionnelle, vous récoltez un manque de tendresse. Votre peur d'en manquer est plus forte que votre besoin d'en donner.

Comme la sensation du manque domine, c'est elle qui gagne, qui se manifeste dans votre vie. C'est un phénomène très intéressant à observer. Il explique pourquoi tant de personnes ne récoltent pas ce qu'elles croient semer. La personne qui travaille par peur de manquer d'argent en manquera toujours car c'est la peur du manque qui la motive. Cette loi de cause à effet s'applique dans tous les domaines incluant la tendresse. Pratiquez-vous à offrir votre tendresse sans en attendre en retour. Donnez pour le plaisir de donner et non pour recevoir en retour. Graduellement, plusieurs changements s'opéreront dans votre vie affective.

Pouvez-vous m'expliquer pourquoi ça va bien au début d'une relation avec quelqu'un et qu'avec le temps, les choses se détériorent?

Durant la période où deux êtres tombent en amour, ils ne voient chez l'autre que les aspects qui font leur bonheur. Un nouveau conjoint nous met en contact avec les parties de nous-mêmes que nous aimons le plus. Lorsque cette période initiale est passée, nous faisons face à une réalité un peu plus difficile à assumer. Nous découvrons des aspects de l'autre que nous n'avions pas encore remarqués. Les choses se gâtent davantage quand le conjoint commence à nous refléter certains des aspects que nous n'aimons pas de nous-mêmes et que nous voudrions faire disparaître.

Supposons, par exemple, que j'ai un gros problème de peau en plein milieu du visage et qu'à chaque fois que je me regarde dans le miroir, je souhaite faire disparaître ce miroir qui me reflète mon problème. C'est exactement la même chose qui se produit avec notre conjoint. Il devient notre miroir et plus nous sommes avec lui, plus le miroir est criant de vérité. Nous ne pouvons plus éviter de nous regarder parce que le miroir est toujours en face de nous. Nous sommes bien obligés de faire face à ce que notre conjoint éveille en nous. C'est pour cette raison que nous devons utiliser nos relations intimes pour apprendre à nous connaître et découvrir les aspects de nous-mêmes que nous rejetons. Quand nous ignorons ce fait ou que nous l'oublions, nous cherchons à changer l'autre plutôt que de nous regarder nous-mêmes et les problèmes commencent. Nous aimerions que le miroir nous renvoie une image différente. C'est tout aussi irréaliste que d'essayer de frotter le miroir pour effacer notre problème de peau ou de vouloir changer de miroir.

Votre "être" a besoin que vous acceptiez autant vos bons côtés que les moins bons ou du moins, ceux que vous qualifiez comme tels. Vous attirez des gens qui sont là pour vous refléter les aspects de vous que vous n'acceptez pas. Ils referont surface, à travers différents visages, tant et aussi longtemps qu'ils n'auront pas été acceptés. Vous devez avoir le désir sincère d'utiliser votre relation intime pour apprendre à vous connaître et à vous aimer davantage.

S'accepter veut dire se donner le droit d'être ce que l'on est, même si ce n'est pas notre préférence, tout en réalisant que c'est temporaire. Lorsque nous apprenons à accepter les parties de nous que nous aimons moins, nous sommes sur la bonne voie.

Nous nous dirigeons graduellement vers notre préférence. Pour qu'il y ait une transformation, vous devez d'abord vous donner le droit d'être ce que vous êtes.

J'ai un mari très autoritaire qui sait tout et qui a toujours raison. Comment dialoguer avec une personne comme cela? Avez-vous des suggestions?

Première des choses, votre mari veut-il dialoguer? Quand vous vous parlez, s'agit-il vraiment d'un dialogue ou est-ce plutôt un monologue que vous faites dans l'intention de le changer ou de l'accuser? Ce n'est pas parce que vous êtes mariés que vous devez automatiquement avoir le goût de parler au même moment. La plupart du temps un des conjoints aime parler tandis que l'autre préfère écouter. Quand vous avez le goût de parler avec votre mari, il est important de vérifier au préalable s'il en a le goût, s'il préfère vous écouter ou encore s'il ne veut rien faire du tout. Vous devez le respecter là-dedans. Si votre mari est du genre introverti qui n'aime jamais parler, trouvez-vous quelqu'un d'autre avec qui communiquer. Vous pourriez demander à votre mari pourquoi il n'aime pas dialoguer et essayer de sentir ce qu'il vit. Demandez-lui quel genre de communication il préférerait avoir avec vous. Étant un homme autoritaire, il doit certainement vous dire sa façon de penser sur un ton plutôt rude et direct. La difficulté que vous avez à accepter l'autorité de votre mari est là pour vous aider à devenir consciente du fait que vous n'avez pas encore accepté l'autorité de votre père.

Nous attirons souvent le conjoint dont nous avons besoin pour nous aider à accepter un aspect de nos parents qui était demeuré inacceptable. Quand votre père utilisait son autorité, c'était pour lui la marque d'un bon parent. C'est ce qu'il avait appris dans sa propre enfance. Derrière son autorité se cachait la peur de ne pas être à la hauteur de la situation ou de ne pas être respecté. En étant capable de sentir la peur de votre père, vous parviendrez plus facilement à accepter que l'autorité de votre mari cache aussi une peur, probablement la même que celle de votre père. Il ne s'agit pas d'aller trouver votre mari et de lui lancer brusquement: *"As-tu peur de quelque chose?"* Prenez plutôt le temps d'aller sentir sa peur, questionnez-le dans l'intention de l'écouter véritablement, sans objections, sans leçons de morale. Il se peut fort bien que votre mari commence à s'ouvrir davantage.

Comment réagir quand mon conjoint fait des choses que je désapprouve comme, par exemple, une fausse déclaration pour obtenir plus d'argent? Je dois vous avouer que j'ai signé cette déclaration et que je m'en veux de l'avoir fait.

Une bonne conversation avec votre conjoint serait la bienvenue. À deux, vous pourriez aller voir ce que cachent ses fausses déclarations. Vous découvrirez certainement qu'il y a chez lui une peur de manquer d'argent ou d'autre chose. Le fait que vous ayez signé cette déclaration indique clairement que vous vivez la même peur que lui. Ce qui vous différencie de votre conjoint, c'est que vous êtes en contact avec la partie de vous qui veut être vraie, intègre et honnête. Tout comme chez votre conjoint, l'autre partie qui a peur de manquer de quelque chose vous amène à être fausse parfois. La partie qui est vraie ne se sent pas bien dans une telle situation car elle sait que de toute façon, nous récoltons toujours ce que nous semons. Cette partie sait que vous ne récolterez pas d'harmonie en étant fausse. Votre conjoint réussit à refouler, voire même à renier cette partie de lui plus facilement que vous, parce qu'il est tout simplement moins en contact avec elle.

Dans le fond, vous vivez tous les deux la même chose mais à un degré différent et avec des façons différentes de l'exprimer. C'est ce que vous devez accepter. Parlez-en ouvertement avec lui. Ensemble, vous serez en mesure de voir d'où proviennent vos peurs et de trouver des moyens pour les surmonter. Vous pouvez choisir de ne plus signer ces fausses déclarations. Rien au monde ne vous oblige à faire quelque chose contre votre gré. Si votre conjoint veut continuer à le faire, il peut les signer lui-même, n'est-ce pas?

Que faire si mes rêves personnels ne coïncident pas avec ceux de mon amie qui habite avec moi?

Dans la vie, vous pouvez avoir tous les rêves et tous les désirs que vous voulez, en autant qu'ils ne dépendent ni du consentement ni de la présence de quelqu'un d'autre. Admettons que vous rêvez, par exemple, d'aller vivre à la campagne avec votre amie mais qu'elle n'aime pas la vie à la campagne. Vous pouvez imaginer et visualiser qu'un jour vous irez vivre en campagne avec une conjointe qui partagera ce goût. Si ce n'est pas celle avec qui vous vivez maintenant, ce sera quelqu'un d'autre.

Vous ne pouvez pas forcer une autre personne à partager vos rêves. Vous pouvez par contre imaginer, visualiser et désirer que vos rêves se réalisent, tout en gardant à l'esprit que nos rêves ne répondent pas nécessairement à nos besoins immédiats. Rien ne vous empêche de faire des actions en vue d'atteindre vos buts mais gardez-vous toujours une porte ouverte. Ce dont vous rêvez n'est peut-être pas bénéfique pour vous. Ce dont nous rêvons vient de notre imagination qui est limitée par notre connaissance et notre degré de conscience. Votre **Dieu** intérieur connaît vos vrais besoins et vous pouvez lui faire confiance. Vous pourriez par exemple lui dire: *"Moi, je rêve à telle chose et mon amie ne semble pas avoir le même idéal que moi. Je te demande de faire arriver ce qui est le mieux pour nous deux."* Quant au résultat final, laissez-vous une porte ouverte. Cela ne vous empêche ni de rêver ni de faire des actions vers votre but.

Comment ne pas se sentir coupable de laisser mon conjoint à la maison avec les enfants de temps à autre pour voir une amie, pour magasiner ou simplement prendre de l'air, penser à moi?

La culpabilité est l'émotion qui nuit le plus à l'évolution de la race humaine. Puisqu'elle est créée par vos croyances, donc à partir du plan mental, la seule façon de ne plus vous sentir coupable est de parvenir à changer vos croyances. Vous pouvez vous référer au livret sur les croyances mais en attendant, allez vérifier à l'intérieur de vous: êtes-vous réellement coupable? Vous êtes coupable quand vous décidez consciemment de faire du mal à quelqu'un. Croyez-vous sincèrement qu'en laissant les enfants seuls avec votre conjoint de temps en temps, que vous leur faites du mal? Votre conjoint essaie peut-être de vous convaincre que vos absences le rendent malheureux. Il est simplement en train d'exprimer sa dépendance envers vous.

Regardez plus en profondeur, vous savez fort bien que vous ne faites de tort à personne. Vos sorties ne peuvent d'ailleurs qu'aider la relation entre votre mari et les enfants. Vous avez sûrement accepté de croire qu'une bonne mère de famille se doit d'être toujours présente à la maison. Vous croyez peut-être aussi qu'une bonne épouse doit s'arranger pour ne pas être la cause de la mauvaise humeur de son conjoint. Est-ce votre faute s'il bougonne? Si vous parvenez à changer l'une ou l'autre de ces croyances, vous arrêterez de vous sentir coupable.

Mère d'une petite fille de quatre ans et demi et mariée depuis huit ans avec le même homme, j'aimerais savoir comment établir un meilleur contact avec mon conjoint alcoolique mais sobre depuis maintenant un an et trois mois.

Le moyen le plus efficace est la communication. Vous devez apprendre à communiquer sans vous plaindre, sans accuser et sans vouloir changer l'autre. Comment? En parlant de vous, en vous révélant, en étant vraie. Parlez-lui, par exemple, de ce que vous avez vécu dans le passé, de ce que vous vivez aujourd'hui: vos espoirs, vos peurs, vos craintes, vos observations, ce que vous découvrez de vous-même. Le secret est de ne pas accuser votre conjoint et de ne pas avoir d'attentes. Allez-y avec votre coeur. La façon la plus rapide et la plus efficace d'améliorer une relation intime est d'utiliser votre partenaire comme un miroir pour vous connaître davantage. Cette méthode accélérera beaucoup votre démarche et vous rapprochera l'un de l'autre.

Le fait d'avoir été attirée par un homme alcoolique démontre qu'il y a une dépendance en vous aussi. Un dépendant en attire toujours un autre. De quoi ou de qui dépendez-vous? Observez-vous. Votre mari exprimait sa dépendance physique dans l'alcool, dans quoi manifestez-vous la vôtre? Le sucre, les médicaments, la cigarette, la liqueur, les pâtes, le pain, les biscuits? Une dépendance physique est simplement le transfert d'une dépendance plus profonde, au niveau de l'être. De quoi êtes-vous dépendants tous les deux: de la présence de l'autre, de son accord, de sa reconnaissance? De quoi ne pouvez-vous pas vous passer? Ensemble, regardez comment vous pourriez vous aider mutuellement à dépasser vos dépendances.

Mon épouse pense qu'elle a toujours raison et elle rejette toutes les suggestions que j'apporte pour améliorer notre relation de couple. Elle me blâme pour tout. Comment composer avec cela sans en être affecté ou perturbé?

Votre conjointe est simplement en train d'exprimer tout haut ce que vous vous dites intérieurement. Avez-vous déjà réalisé à quel point vous vous sentez coupable et responsable du bonheur de votre couple? Vous essayez d'arranger votre relation et vous endossez seul une responsabilité qui appartient aux deux. Votre seule responsabilité est de vous occuper de votre évolution. Il n'y a que l'amour qui peut vous aider à vous améliorer: l'amour de vous-même et l'amour des autres. Votre épouse est là pour vous aider à vous connaître davantage. Observez-vous à travers elle. Regardez combien elle a peur, au plus profond d'elle même. Sa peur la pousse à vouloir avoir raison.

Et maintenant regardez vos peurs à vous. Vous avez peur de ne pas réussir votre vie de couple parce que vous vous croyez responsable de la bonne marche de votre union. Il n'est pas étonnant que vous vous sentiez affecté quand elle jette la faute sur vous. Elle est en train de vous refléter un aspect de vous-même que vous ne voulez pas voir. Vous devez commencer par transformer ce que vous croyez de vous-même; ensuite l'extérieur suivra. Tout ce qui se passe autour de vous et avec votre conjointe n'est que le reflet de ce qui se passe en vous. Elle semble avoir peur de faire sa part dans votre vie de couple. Elle aime mieux croire que tout est de votre faute.

Quand vous aurez appris à sentir les peurs et la souffrance de cette femme, faites-la parler. Demandez-lui comment elle perçoit la vie de couple, quel est son idéal, quels sont ses besoins, ses désirs. Écoutez-la simplement sans moraliser, sans essayer de la changer ou de l'accuser. Soyez ouvert à ce qu'elle vous dit et tentez de sentir la petite fille en elle qui a peur. Vous verrez votre relation se transformer graduellement. Mais vous devez avant tout cesser de croire que vous êtes responsable du succès de votre couple. Personne au monde n'est responsable du bonheur d'une autre personne. Vous pouvez même aller jusqu'à vous rendre malade avec cette histoire mais vous ne parviendrez jamais à rendre votre conjointe heureuse si elle ne veut pas elle-même se rendre heureuse. Le bonheur frappera à votre porte quand vous aurez appris à donner à votre épouse le droit d'être ce qu'elle veut être et de vous accorder ce même droit.

J'ai laissé mon ami à plusieurs reprises parce qu'il est manipulateur et qu'il m'a battue plusieurs fois. Je n'arrête pas d'y penser. Pour le moment, je viens encore de le laisser mais j'ai très peur de le rencontrer ou de recevoir un appel de lui car je suis sûre que je pourrais facilement retomber dans ses bras. Comment se fait-il que je lui retombe toujours dans les bras même si je ne veux plus vivre avec lui?

Vous semblez avoir affaire à deux personnalités très contradictoires car il y a définitivement une dualité en vous. Une partie est attirée par cet homme qui est violent et une autre partie ne veut pas vivre ce genre de vie. Chez vous, la partie qui m'apparaît être dominante est celle qui est attirée par la violence. Prenez le temps d'aller vérifier d'où elle vient et pourquoi elle tient tant à ce que vous viviez ce genre de relation. Il se peut que vous ayez eu un père violent et que vous ayez appris qu'être aimée égale se faire violenter. Il est possible que vous soyez très dure avec vous-même et que vous vous fassiez violence. Dans ce cas, vous vous attirez de la violence pour devenir consciente de ce qui se passe à l'intérieur de vous.

Profitez d'un moment où vous serez seule pour faire le petit exercice suivant: Placez deux chaises l'une en face de l'autre. Chacune des chaises représente une partie de vous. En changeant de chaise, vous pourrez tour à tour communiquer avec la partie de vous qui est attirée par la violence et avec l'autre partie qui ne veut pas en vivre du tout. Avant de commencer l'exercice, prenez quelques instants pour vous détendre. Ensuite, asseyez-vous sur la chaise qui représente la partie qui attire la violence et entrez en contact avec elle. Demandez-lui pourquoi elle vous ramène toujours à ce genre d'expérience? Parlez-lui en amie, allez simplement voir sa motivation. Ensuite changez de chaise. Allez rencontrer cette autre partie qui ne veut pas de cette violence. Comment cette partie peut-elle vous aider? Demandez-lui ce que vous avez besoin d'apprendre sur vous-même pour arrêter ce cycle. Accueillez ce qui vient. Changez de chaise à chaque fois qu'une partie veut parler. Vous pouvez même leur demander quelle âge vous aviez quand elles ont fait surface en vous.

Ensuite, remerciez chacune de ces parties de vous avoir aidée à mieux vous connaître. Négociez avec elles un moyen qui vous assurerait de leur collaboration pour la réalisation de votre but: celui de créer votre bien-être. En vous ouvrant ainsi, vous apprendrez à composer avec les deux aspects contradictoires en vous et, surtout, cela vous permettra de vous connaître davantage.

Comment favoriser une bonne communication dans un couple afin que les deux personnes s'écoutent l'une après l'autre sans s'interrompre ou très peu?

Si ce que vous voulez récolter est que quelqu'un vous écoute bien et sans vous interrompre, vous n'avez qu'à le semer et vous le récolterez. Devenez plus consciente de votre façon d'écouter.

Le faites-vous véritablement sans interrompre l'autre personne? Vous arrive-t-il de sentir à l'intérieur de vous l'impulsion de l'interrompre alors que l'autre n'a même pas fini d'exprimer ce qu'elle avait à dire? Préparez-vous la réponse que vous allez lui donner avant même que l'autre personne ait terminé? Dans ce cas, vous n'écoutez pas véritablement puisque vous êtes déjà en train de juger ou de rejeter ce que la personne est en train de dire.

Pratiquez-vous à écouter partout, pas seulement dans votre relation de couple mais aussi avec tous les gens qui vous entourent. Exercez-vous à écouter jusqu'au bout, sans chercher à en rajouter. N'utilisez pas seulement vos oreilles, écoutez avec votre coeur, sentez ce qui se passe chez l'autre quand une personne vous parle. Ce genre d'écoute se développe en ouvrant grand votre coeur. Je vous assure que si vous écoutez les gens de cette façon-là, c'est ce que vous récolterez vous aussi.

Quand ça ne va pas avec mon épouse, comment savoir si je dois lâcher prise et attendre ou encore faire des actions pour que ça bouge, que quelque chose change?

D'après votre question, vous semblez croire que lâcher prise veut dire attendre et ne rien faire. Cette attitude n'est pas du lâcher prise mais de la soumission. Lâcher prise veut dire ne pas être attaché au résultat et faire confiance à notre **DIEU** intérieur. Rien n'arrive pour rien et il n'y a pas de hasard. Je vous suggère fortement de faire des actions au meilleur de votre connaissance tout en lâchant prise sur le résultat final, c'est-à-dire sans chercher à savoir quand, où, comment et quel sera ce résultat.

Mon mari n'est jamais à la maison et je sors souvent avec un compagnon de travail. Je me sens mieux avec lui. Dois-je faire un choix? Je sais que les deux m'aiment et je suis un peu confuse.

Dans votre cas, la meilleure chose à faire est d'être vraie et d'exprimer ce que vous vivez à votre mari et à votre ami. Il est extrêmement difficile, même impossible, d'entretenir une relation intime avec deux personnes à la fois. Même si vous savez que les deux vous aiment, c'est une situation qui crée beaucoup d'émotions, d'inquiétudes et de stress.

Par contre, rien ne vous empêche d'avoir en même temps une relation intime avec votre mari et une relation amicale avec quelqu'un d'autre. Vous aurez sans doute à faire un choix. Mais auparavant, demandez à votre mari pourquoi il organise sa vie de façon à ne pas être présent chez lui. Est-il conscient des effets que son choix peut avoir sur votre vie de couple? Il arrive très fréquemment que les hommes ne réfléchissent pas sur ce sujet. Ils pensent que leur rôle de bon pourvoyeur compense amplement pour leur absence. C'est en ouvrant un dialogue avec lui tout en étant vraie avec vous-même et avec votre compagnon de travail que vous trouverez la meilleure solution.

Que faire d'un conjoint qui ne veut pas vivre dans le positif, dans la joie et l'amour? Je ne prends même plus plaisir à voyager avec lui et mon coeur est blessé.

Se pourrait-il qu'une partie de vous soit négative et que vous ne vous permettiez jamais de l'exprimer? Vous forcez-vous pour être toujours positive et pour donner l'impression que vous baignez dans la joie? Si vous avez un conjoint qui exprime ouvertement l'attitude contraire, il se peut fort bien que vous ne soyez pas tout à fait vraie avec vous-même. Allez vérifier au plus profond de vous. Si vous refusez d'admettre qu'une partie négative existe en vous, cette négation est suffisante pour que vous soyez dérangée dès que quelqu'un d'autre se permet de l'exprimer au grand jour. Je ne vous dis pas que vous devez devenir négative mais plutôt que vous gagneriez à accueillir votre côté négatif. Vous pourriez parfois vous le permettre tout en réalisant que cela ne fait pas de vous une mauvaise personne.

La négativité dénote simplement une peur ou une blessure quelconque. Vous pouvez être une personne remplie d'amour même si vous ne vivez pas toujours dans la joie. Donnez de l'espace à votre mari de temps en temps quand il est négatif. S'il se sent accueilli et accepté de vous, il y a de fortes chances que son côté positif reprenne le dessus. Dites-vous bien que si le côté positif est très prononcé chez vous, il est nécessairement présent chez votre mari aussi. La différence entre lui et vous, c'est qu'il étouffe son côté positif alors que vous étouffez votre côté négatif. L'important, c'est d'en arriver à un juste milieu en vous-même et entre vous deux.

Ne pas être responsable du bonheur et du malheur de son conjoint, cela ne risque-t-il pas de créer et de développer une forme d'indépendance ou de “je m'en foutisme” entre les époux?

Ne pas être responsable du bonheur des autres et être indifférent sont deux choses très différentes. Développer une relation indépendante plutôt que dépendante est au contraire excellent pour la santé d'une vie de couple. Vous semblez avoir peur de vivre une relation fondée sur l'indifférence. Comme vous le dites si bien, l'indifférence, c'est se foutre de ce que l'autre vit, de n'avoir aucune compassion. Vous pouvez avoir de la peine si votre conjoint est malheureux sans pour autant vivre ses émotions et son malheur et sans croire que vous devez absolument trouver une solution pour lui. Son bonheur ne dépend pas de vous et ce n'est pas grâce à vous qu'il est heureux ou à cause de vous qu'il est malheureux.

Ne pas se sentir responsable du bonheur de l'autre tout en n'étant pas indifférent à ce qu'il vit est possible quand une personne est en mesure de guider son conjoint sans avoir d'attentes. Vous pouvez par exemple lui faire part de votre opinion, lui offrir des solutions et lui apporter des conseils, tout en le laissant libre de choisir ce qui lui convient. Ayez confiance en lui et arrêtez de vouloir tout diriger. Il est possible d'avoir bon coeur et d'être concerné par ce que l'autre vit sans porter le fardeau de l'autre sur vos épaules.

Mon mari et moi nous entendons assez bien en général. Mais est-ce que je peux me permettre de lui envoyer des messages quand je remarque qu'il n'a pas le contrôle sur ses émotions et qu'il se laisse ballotter par les événements? Quand je le fais, il se fâche.

Vous me demandez si “vous pouvez vous le permettre”. Ce n’est pas vous qui devez vous le permettre, c’est plutôt à votre mari de le faire car c’est lui le concerné. En connaissant la nature hyper-émotive de votre mari, il est important que vous y alliez en douceur avec lui. C’est une simple question de charité humaine. Quand vous lui envoyez des messages, comme vous dites, allez vérifier dans quelle intention vous le faites. Êtes-vous en désaccord avec ce qu’il vit? Voulez-vous le contrôler, le diriger, le changer ou agissez-vous sincèrement pour son bien?

Si vous êtes sûre de ne pas le faire par satisfaction personnelle, allez le trouver et demandez-lui: *“Me permets-tu de te dire quelque chose à tel sujet? Je sens que cela pourrait être bon pour toi. J’aurais juste le goût de te partager ce que je perçois. Tu en feras ce que tu veux.”* Respectez sa réponse. De toute façon, il se peut fort bien qu’il sache déjà ce que vous pensez et qu’il connaisse vos croyances.

Ce qui est nouveau ici pour vous, c’est de lui reconnaître le droit d’en faire ce qu’il veut. Pour que votre mari perde si facilement le contrôle de ses émotions, il a dû s’être énormément contrôlé dans le passé. Il s’est tellement retenu qu’il a maintenant de la difficulté à se contenir. Ayez de la compassion pour lui et sentez la souffrance qu’il vit à travers ses émotions. Demandez-lui comment il se sent quand il s’aperçoit que ses émotions prennent le dessus sur lui. A-t-il peur de ce qui pourrait arriver s’il perdait le contrôle? Faites-le plutôt parler à ce niveau.

Mon copain est le plus jeune de sa famille et il a vécu avec sa mère jusqu’à ce qu’il me

connaisse. Son père les a laissés lorsqu'il était très jeune. Sa mère ne peut pas m'accepter et elle va jusqu'à me traiter de menteuse et de mal élevée. Je comprends qu'il veuille continuer à fréquenter sa mère mais ce que je n'accepte pas, c'est qu'il exige que je la fréquente et que je la respecte. Que faire?

Ce que vous êtes en train de me dire, c'est que le complexe d'Oedipe entre votre conjoint et sa mère n'est pas complété. Il vit encore une relation homme-femme avec elle plutôt que mère-fils. Elle aussi a beaucoup de difficulté à le laisser aller. Lorsqu'il y a un complexe d'Oedipe non résolu, cela sous-entend une attitude de possessivité et de jalousie. Votre belle-mère est certainement jalouse de vous et vous êtes sûrement jalouse de l'attachement de votre conjoint pour sa mère. Si vous voulez continuer à vivre avec un homme qui ne s'est pas encore détaché de sa mère, il est important que vous acceptiez cet attachement et que vous réalisiez que vous n'y pouvez rien. C'est à lui de se détacher de sa mère. Permettez-leur de vivre cet attachement sans jalousie de votre part, sans chercher à les influencer.

Si c'est trop vous demander que de fréquenter cette femme, soyez vraie avec vous-même et avec votre conjoint. Dites-lui ouvertement que vous avez de la difficulté à accepter cette relation, que vous êtes autant jalouse d'elle qu'elle l'est de vous. C'est comme si votre copain avait deux femmes dans sa vie. Vous devez également vérifier si, de votre côté, vous avez réglé votre propre complexe d'Oedipe avec votre père. Quel genre de relation avez-vous avec lui? Il est fort probable que votre ami et sa mère vous reflètent ce que vous vivez avec votre père, même si c'est très inconscient.

Quand je décide de sortir le soir, j'avertis mon épouse à l'avance. À partir du moment où je l'ai avisée jusqu'à ce que je sorte, elle boude, me critique et me met des bâtons dans les roues. Je finis par ne pas sortir ou si je sors quand même, je me sens coupable. Comment faire pour me sentir bien en faisant les choses que je veux quand je le veux?

Il y a certainement une partie de vous qui se sent coupable de sortir seul. Votre épouse ne fait que vous refléter ce que vous ressentez à l'intérieur de vous. Votre sentiment de culpabilité provient de vos croyances. Quel genre de modèle vos parents ont-ils été dans votre enfance? Vous ont-ils montré qu'un bon mari ne sort jamais sans son épouse? C'est sur cette croyance que vous devez travailler. Vous savez fort bien que le fait de sortir un soir avec des amis sans votre épouse ne fait pas de vous un mauvais conjoint. Une partie de vous sait cela mais une autre partie est convaincue du contraire; elle prend le dessus et elle dérange votre vie. C'est pour cela que vous vous sentez coupable.

Pour en arriver à ce que votre épouse ne vous critique plus, vous devez changer ce que vous croyez intérieurement. Ce n'est pas par hasard qu'elle a cette attitude envers vous. Ce qui vous arrive de l'extérieur est un reflet de ce que vous vivez à l'intérieur de vous. Le changement doit s'opérer à l'intérieur de vous avant que l'extérieur ne change.

Lorsqu'après plusieurs années de vie commune, les deux conjoints ne répondent plus à leurs besoins et attentes respectifs, que suggérez-vous de faire? Doit-on chercher de l'aide à l'extérieur?

Avant d'aller chercher de l'aide extérieure, vous pouvez vous consulter entre conjoints pour trouver ensemble des solutions possibles. Si, après plusieurs tentatives de rapprochement, vous trouvez toujours qu'il n'y a rien à faire, il sera bon alors d'aller chercher de l'aide. Vérifiez d'abord s'il est bien clair entre vous que vous ne répondez plus à vos besoins et attentes respectifs. Prenez le temps de clarifier chacun de votre côté vos besoins et attentes et ensuite échangez-vous ce bilan. Si vous êtes tous deux d'avis que vous ne vous rejoignez plus, demandez-vous ce que vous voulez et comment vous pourriez vous diriger vers une vie meilleure.

Il se peut que vous ayez fini de parcourir le bout de chemin que vous aviez à faire ensemble. Il se peut aussi qu'il y ait eu un manque de communication ou trop d'attentes. Peut-être que vous vous attendiez tous les deux à ce que l'autre vous rende heureux. Dans ce cas, quand bien même que vous trouveriez un autre conjoint, vous ne vivrez jamais vraiment le bonheur puisque personne d'autre que vous-même ne peut vous rendre heureux. Le bonheur vient de l'intérieur de vous. Ce qui se passe avec votre conjoint n'est que le reflet du bonheur que vous créez pour vous-même, à l'intérieur de vous.

Mon conjoint me critique d'être dans mon passé. Moi, j'appelle cela me révéler quand je

parle d'une prise de conscience. Lui ne me révèle pas ce qui se passe en lui. Quand il me critique ainsi, je vis des émotions mais je ne peux pas lui exprimer ce qui se passe en moi. J'en suis venue à croire qu'il est préférable de ne plus me révéler à lui. Est-ce signe que je manque de respect de moi-même ou que je manque de confiance en moi?

Votre mari semble confondre révéler son vécu et vivre dans le passé et il n'est pas le seul. Beaucoup de gens ont de la difficulté à sentir ce qui se passe en eux. Ils ne veulent pas être en contact avec ce qu'ils ressentent et ils se donnent pour excuse qu'ils n'aiment pas ressasser le passé. Ils vous diront: *"Ce qui est passé est passé; oublions le passé"*. C'est leur façon d'esquiver une prise de conscience. Quand vous vous révélez et que votre conjoint refuse de vous écouter, il est tout simplement en train de vous dire qu'il n'a pas du tout envie de regarder ce qu'il a vécu dans son passé. Il ne veut pas apprendre à se connaître à travers son vécu, préférant prétendre que rien n'est arrivé, désirant plutôt continuer à vivre de façon inconsciente. Il a trop peur de souffrir. Regardez plutôt sa peur de souffrir.

Parler d'une prise de conscience et se révéler peut être très bénéfique, à la condition que votre passé ne mène pas votre vie présente. Si ce que vous avez vécu décide de vos faits et gestes aujourd'hui, cela ne vous aidera pas. Le passé doit être utilisé pour apprendre à se connaître et pour s'améliorer et non pour décider de vos actions présentes. Il y a des gens qui décident de faire ou de ne pas faire des choses parce qu'ils veulent ou ne veulent pas recréer le passé. Une personne qui vit dans le passé s'inquiète toujours pour l'avenir. Elle a peur que ses décisions affectent le futur.

Votre décision de ne pas toujours vous exprimer afin d'éviter les critiques de votre mari vient du fait que vous avez peur d'être critiquée. Cette peur semble dominer chez vous. Si vous avez peur de vous faire critiquer, si vous croyez qu'être critiquée signifie ne pas être aimée, c'est que vous avez de la difficulté à accepter la critique. Vous arrive-t-il de critiquer les autres vous aussi ou de vous critiquer vous-même? Avez-vous de la difficulté à accepter votre partie critique?

Commencez par accepter votre critique intérieur et allez voir ce qu'il cache. Même si vous critiquez parfois, cela ne fait pas de vous une mauvaise personne. Souvent vos critiques sont motivées par de bonnes raisons et vous les faites pour aider. Il se peut que votre conjoint vous critique lui aussi dans le but de vous aider et que sa motivation soit également très bonne.

Dans votre question j'ai aussi remarqué que vous semblez avoir plus de difficulté à exprimer ce que vous vivez dans votre moment présent et par contre plus de facilité par rapport à votre passé. Se pourrait-il que ce soit le contraire pour votre mari? Parle-t-il plus facilement de son moment présent que de son passé?

Comment convaincre mon conjoint qu'il pourrait arrêter de travailler à deux emplois pour payer nos dettes et quand même nous faire arriver l'argent nécessaire pour pouvoir enfin profiter et de cet argent et de sa présence? Il n'y croit pas du tout.

La première étape pour vous est d'accepter que votre conjoint et vous êtes deux personnes dépendantes: votre conjoint dépend de l'argent et vous dépendez de sa présence. Regardez à quel point sa présence vous apporte réconfort et bonheur et réalisez que dans son cas, c'est l'argent qui lui procure une sensation de bien-être.

En vous donnant le droit à tous les deux d'avoir vos dépendances respectives, vous en arriverez à un compromis. Vous n'avez pas besoin de le convaincre de changer ou d'adopter votre point de vue pour vous faire plaisir. Votre point de vue est le vôtre, et le sien est le sien. Parlez-en entre vous et réalisez que votre conjoint agit par amour. Pour lui, c'est une marque d'amour que de vous apporter de l'argent. Votre marque d'amour à vous, c'est de lui apporter votre présence. Vous pourriez par exemple lui dire: *"Comment pourrions-nous arriver tous les deux, tout en tenant compte de nos dépendances présentes – parce qu'il faut accepter qu'elles sont là – à trouver un terrain d'entente? Toi, tu veux faire plus d'argent et moi, j'ai besoin de ta présence."*

Il est aussi important de prendre vos dettes en considération. Êtes-vous si endettés que cela? Y a-t-il moyen d'arranger vos paiements pour arriver avec un seul salaire? Ou pouvez-vous de votre côté aller chercher un revenu supplémentaire en travaillant aux mêmes heures que votre mari? Ainsi vous aurez et l'argent et la présence. Ensemble, je suis assurée que vous pouvez atteindre un juste milieu.

Je me sens toujours accusée quand mon conjoint parle de mes cours à Écoute Ton Corps.

Face à lui, je me sens comme quelqu'un qui n'a pas un bon jugement. Par exemple, il me dit souvent que je suis naïve. Que dois-je faire?

Votre conjoint est tout simplement en train de vous exprimer ce que vous pensez déjà de vous-même dans votre for intérieur. Vous arrive-t-il de croire que vous manquez de discernement? Trouvez-vous que la naïveté est une faiblesse de caractère? Vous reprochez-vous parfois d'être naïve et de vous laisser avoir facilement? Votre conjoint ne fait qu'exprimer verbalement ce que vous vous dites intérieurement, même si vous n'en êtes peut-être pas consciente. Prenez le temps d'aller vérifier comment vous vous sentez intérieurement face à votre naïveté ou à votre manque de discernement.

Une fois que vous aurez fait ce petit travail d'introspection, allez trouver votre conjoint et remerciez-le. Dites-lui que grâce à ses remarques, vous êtes devenue consciente de votre manque de confiance en vous-même et en votre jugement. Dites-lui aussi que, dans le fond, vous n'êtes pas étonnée qu'il soit toujours en train de remettre vos choix en question.

Quand vous réussirez à croire en vous-même, son attitude face à vous se transformera tout naturellement. Vous saurez que vous croyez plus en vous-même quand vous ne vous sentirez plus obligée de vous justifier ou de lui prouver que les cours que vous prenez sont bons pour vous. Vous accepterez que, même si vous aimez prendre certains cours, cela ne veut pas dire que votre mari ou d'autres personnes doivent être d'accord avec vous et vous suivre.

As-tu une solution pour un homme dont la femme l'humilie en public? Et as-tu une solution pour la femme aussi?

Ce genre de situation arrive chez les couples qui, ne sachant pas communiquer, ont peur de parler de leurs vrais sentiments et des peurs qu'ils vivent l'un face à l'autre. Lorsqu'une femme attend d'être en compagnie d'autres personnes pour blesser son mari, c'est qu'elle a terriblement peur de lui parler quand ils sont seuls. Elle y pense mais en est incapable; alors elle se contrôle jusqu'à ce qu'il y ait d'autres personnes autour. Elle se dit que devant les autres, son conjoint ne dira rien.

Votre épouse doit avoir très peur de vous. Au lieu de l'accuser et de lui reprocher de vous humilier publiquement, allez plutôt vérifier comment elle se sent. Demandez-lui ce qui l'empêche de vous parler en privé? Essaie-t-elle de se remonter en vous rabaissant publiquement? Se pourrait-il qu'elle sente que vous la rabaissez par manque d'estime pour les femmes en général? Se sent-elle inférieure à vous? Est-ce pour cela qu'elle a si peur de vous parler intimement? Votre solution se trouve dans la communication. Apprenez à la laisser parler, écoutez-la et sentez sa peur.

Lorsque vous pourrez vous parler ouvertement, avec votre coeur, sans jugement, sans essayer de vous changer ni de vous accuser, vous aurez tous deux trouvé votre solution. La clé est d'apprendre à vous sentir l'un l'autre, à sentir vos peurs respectives.

J'ai beaucoup de difficulté à accepter que mon copain s'endorme partout. Il dort chez nos amis, à

l'église, etc. Comment l'accepter sans le contrôler? Cette attitude m'énerve beaucoup.

Commencez d'abord par mettre le doigt sur ce qui vous dérange le plus dans son attitude. Est-ce le fait que les autres pourraient juger votre copain? Avez-vous peur que les autres vous jugent parce que vous êtes avec un homme ennuyant? En général, quand quelqu'un s'endort partout, c'est qu'il n'est pas intéressé à ce qui se passe autour de lui. Une fois que vous aurez cerné ce qui vous dérange le plus, l'étape suivante est d'admettre que vous ne vous permettez pas de faire ce qui vous plaît au moment où cela vous plaît. Ce qui vous dérange probablement le plus, c'est qu'il dorme quand il en a le goût, où qu'il se trouve, même si cela peut déranger les autres. Il se peut aussi qu'il soit hyper-émotif et qu'il capte beaucoup les émotions environnantes.

Les personnes très émotives arrivent rarement à avoir un sommeil réparateur la nuit. Si c'est le cas, si votre copain ne se repose pas assez la nuit, il est à court de sommeil et il vit sur ses réserves. Il s'endort facilement n'importe où parce qu'il essaie sans cesse de récupérer son sommeil. Au lieu de vous préoccuper de ce que cela peut vous faire vivre, apprenez plutôt à l'accepter davantage. S'il veut dormir, il peut dormir, c'est simple. Vous empêche-t-il de rester éveillée et de faire ce que vous voulez pendant qu'il dort?

Mon mari et moi avons nos deux semaines de vacances en même temps. Lui est agoraphobe: il a peur des tunnels, des ponts, des autoroutes, etc. J'ai donc décidé d'aller en vacances en

Europe seule avec une amie car son agoraphobie m'affecte et me rend insécure. Le problème est que je me sens coupable de partir pour l'Europe. Je reporte sans cesse l'achat de mon billet d'avion. J'ai besoin d'évoluer mais je me sens toujours coupable vis-à-vis mon mari. Dois-je partir en voyage? Que faire?

Ce que vous vivez est courant chez les couples où l'un des conjoints est agoraphobe. Les agoraphobes ont peur de tout. Leur imagination est hyper-active et ils ont constamment peur d'avoir peur partout: dans les magasins, sur les ponts, dans les avions, etc. Ce n'est évidemment pas facile de vivre avec un agoraphobe car ce dernier devient très dépendant de son conjoint.

La personne qui est attirée par un agoraphobe est en général une personne qui est dépendante de la dépendance de l'autre. À cause de son état, votre mari ne peut jamais sortir seul et a besoin de votre présence en tout temps. Une partie de vous se croit responsable de l'aider mais une autre partie a besoin d'espace. C'est à vous de décider quelle partie l'emportera sur l'autre. Vous vous sentez coupable parce que vous avez décidé de croire qu'une femme est responsable du bonheur de son mari. Cette croyance n'apporte que désespoir, émotions, déception et stress.

En vous sentant responsable du bonheur de votre conjoint, vous êtes loin de vous assurer que l'amour se développe dans votre couple. L'amour véritable est inconditionnel. Vous pouvez choisir d'arrêter de vous sentir coupable et changer votre croyance ou décider de renoncer à votre besoin d'espace. Choisissez ce qui vous fait le moins souffrir. Si vous partez en voyage pour être malheureuse pendant toutes vos vacances, il n'est pas très sage d'y aller.

D'un autre côté, imaginez que vous ne partez pas en voyage et que vous restez chez vous. Comment vous sentez-vous? Pour l'instant, regardez ce qui vous cause le moins d'inconfort et faites votre choix, tout en sachant que d'une façon ou d'une autre, vous ne serez pas entièrement bien. Vous craignez peut-être d'abandonner votre mari si vous choisissez de vous sentir moins coupable. Vous vous sentez peut-être mal à l'idée qu'il se retrouve seul? Ces deux personnalités contraires à l'intérieur de vous veulent toutes les deux gagner. En pesant le pour et le contre, vous arriverez graduellement à trouver un juste milieu.

Quoi que vous fassiez, n'oubliez pas que vous le faites par choix. Acceptez-vous dans votre choix! Devenez consciente de vos propres peurs face à lui. En vous donnant le droit d'avoir ces peurs, il vous sera sûrement plus facile d'accepter celles de votre mari.

Comment faire quand une femme ne travaille pas et que c'est son mari qui subvient à ses besoins?

Dans votre question, je perçois une non-acceptation du fait que votre mari vous supporte matériellement. Avez-vous demandé à votre conjoint comment il vit cet arrangement? Avez-vous observé ce qui se passe véritablement à l'intérieur de vous? Avez-vous été capable à date d'exprimer à votre mari ce que vous vivez face à cette situation? Il est important de savoir que l'univers soutient les besoins de tout le monde mais de différentes façons. Dans votre cas, c'est à travers votre conjoint que vous êtes soutenue. Cela ne durera peut-être pas toujours. Il y a des personnes qui subviennent à leurs besoins à travers leur salaire, leurs revenus, d'autres à travers un héritage, d'autres gagnent de gros montants d'argent. L'important est d'être consciente de ce que l'Univers vous envoie et de lui dire merci.

Est-ce normal de toujours comparer mes copains à mon père et d'essayer de retrouver dans chacun d'eux les aspects que j'aimais de mon père?

Vous me demandez si c'est normal et je vous répondrai que cela semble l'être pour vous. Les normes sont établies selon ce que nous croyons individuellement. Rien n'est uniformément normal pour tout le monde. La société d'aujourd'hui essaie de nous diriger avec des notions de "normal, pas normal" mais ce qui est normal pour l'un ne l'est pas nécessairement pour l'autre. En changeant notre façon de voir les choses, nous transformons notre perception de la normalité.

Cependant, si vous me demandez s'il vous est bénéfique, au lieu de normal, de comparer vos amis à votre père, ma réponse est que cette attitude est loin de garantir le bonheur. Une femme qui recherche toujours son père à travers son conjoint est une personne qui n'a pas encore complété son complexe d'Oedipe. Ce qui veut dire qu'une partie de vous vit un amour possessif avec votre père et continue de le rechercher à travers un partenaire. L'amour que vous portez à votre père a été idéalisé et ne correspond pas à la réalité. Vous vous êtes créé un idéal d'homme à l'image de votre père mais le percevez-vous vraiment tel qu'il est? En recherchant cet idéal, vous risquez de vivre des déceptions parce qu'il est loin d'être réaliste. Se peut-il qu'inconsciemment vous ayez été déçue de votre père?

Quand le complexe d'Oedipe vous suit jusque dans la vie adulte, c'est très souvent un signe que l'idéal n'a jamais été atteint. Cela se produit bien sûr au niveau inconscient car la jeune fille, qui est en amour avec son père plutôt que d'aimer son père, ne peut pas s'admettre qu'elle lui en veut, qu'elle a été déçue. Elle est plus portée à critiquer sa mère croyant que tout est parfait avec son père, alors que c'est assez souvent l'inverse qui se passe. Le fait d'avoir idéalisé son père apporte plus de problèmes que d'agréments. Apprenez à voir votre père tel qu'il est vraiment et vérifiez si les gens autour de vous partagent votre perception de lui. Faites-vous à l'idée que votre père est un être unique. Il vous sera impossible d'en trouver une copie identique ou même quelqu'un qui se rapprocherait de l'idéal que vous vous êtes créé de lui.

Vous êtes probablement attirée par des hommes qui ont des qualités semblables à celles de votre père et il n'y a rien de mal à cela. Votre père est le premier homme que vous avez choisi dans votre vie affective. Il est donc tout a fait naturel que vous recherchiez les qualités que vous voyiez en lui. Par contre, soyez réaliste et cessez de lui attribuer des vertus qu'il n'a pas. Vous pouvez très bien vivre avec quelqu'un qui a certaines des qualités de votre père mais pas toutes. Vous êtes sur Terre pour apprendre à aimer et vous devez apprendre à aimer chez votre conjoint des aspects autres que ceux de votre père.

Que faire quand je veux parler à mon conjoint et qu'il ne veut pas parler? J'ai l'impression de parler à un mur. Je me prive souvent de lui parler à cause de cela.

Quand une personne se ferme complètement, c'est qu'elle a peur de perdre le contrôle. En général, chez les hommes, c'est la peur de montrer leur sensibilité, leur vulnérabilité. Ils affichent un extérieur d'homme sans émotions, imperturbable, désirant donner l'impression que tout est sous contrôle. Le seul moyen que je connaisse est d'oublier votre désir de le faire parler. Acceptez l'idée que ses peurs sont trop fortes. N'allez surtout pas lui dire qu'il a peur. Ressentez ses peurs, elles sont tellement fortes qu'elles gagnent sur lui.

Cependant, cela ne vous empêche pas de vous révéler à lui. En général, un homme comme votre mari a une bonne capacité d'écoute surtout quand il pourra sentir que vous ne vous attendez plus à ce qu'il vous parle. Je sais que ce n'est pas facile de faire un monologue à deux mais avec de la pratique, vous y arriverez. Parlez-lui de ce que vous ressentez: vos peurs, vos désirs, vos aspirations. Dites-lui que c'est bien correct s'il ne veut pas parler mais a-t-il une objection à vous écouter de temps à autre?

Avec le temps, si vous le faites vraiment avec votre coeur, vous verrez une transformation s'opérer en lui. Mais accordez-lui le temps nécessaire. Tout dépend du degré des peurs qui l'habitent. Il a sûrement appris quand il était plus jeune qu'un homme ne devait pas être sensible. En réalité tout être humain, homme ou femme, se doit d'être sensible. Ce sont les émotions qui ne sont pas bénéfiques et non la sensibilité. Ayez de la compassion pour lui. C'est un exercice merveilleux pour ouvrir votre coeur, développer votre capacité d'aimer. De plus, vous aurez un regain d'énergie et même possiblement certaines guérisons. Le pouvoir de l'amour est énorme.

Avec les années, j'ai de moins en moins confiance en moi. J'admire mon mari dans tout. Je le trouve extraordinaire et je me demande même ce qu'il fait avec une personne comme moi. Pourquoi est-ce pire avec les années? Cela me fait peur pour l'avenir.

Tout au long de ce livret, je suggère d'observer ce qui nous dérange chez l'autre et de devenir conscient du fait que ce qui nous dérange chez l'autre nous appartient. Très souvent, ce qui nous dérange est tellement inacceptable que nous ne nous donnons même pas le droit de nous laisser aller à cette attitude. C'est le gros contrôle. L'inverse est vrai aussi. Dans votre cas, vous admirez votre mari plutôt que d'être dérangée par lui. Toutes ses qualités sont là pour vous refléter des aspects de vous.

Votre problème vient du fait que vous n'êtes pas consciente de vos propres qualités n'y croyant pas, vous ne pouvez pas les accepter. Que pourrait-il vous arriver si vous acceptiez l'idée que vous possédez les mêmes qualités que votre mari bien qu'elles soient demeurées refoulées en vous? Avez-vous peur de devenir orgueilleuse, de vous prendre pour une autre? Est-ce que vous vous sous-estimez au point que vous ne pouvez croire à vos belles qualités? Observez votre mari. Se prend-il pour quelqu'un d'autre? Non. Alors pourquoi cela vous arriverait-il? Pourquoi continuer à croire que vous n'êtes pas extraordinaire? Cette croyance (provenant sûrement des éducateurs ayant eu une influence sur vous) n'est dorénavant plus bonne, ni utile pour vous. Défaites-vous en. Décidez dès aujourd'hui que vous voulez vous aimer, vous accepter, voir le **DIEU** en vous comme vous le voyez dans votre mari.

Que représente le sacrement du mariage pour vous?

Pour moi le mariage symbolise la décision intérieure de vouloir vivre en harmonie avec les deux principes en soi: le principe féminin et le principe masculin. Nous sommes tous à la recherche de cette harmonie, que nous en soyons conscients ou pas. C'est à travers l'harmonisation de ces deux principes que nous parvenons à être heureux. Nous disons que nous recherchons le bonheur mais souvent, nous voulons surtout être aimés de l'autre. L'harmonie et le bonheur entrent dans nos vies quand nous apprenons à aimer ce que représente l'union des principes féminin et masculin en nous. Pour moi, cette décision intérieure s'exprime dans le monde extérieur par la symbolique du mariage. Si je décide que je veux apprendre à aimer de tout mon coeur à travers une personne et si nous sommes tous deux capables de nous engager dans une promesse écrite et verbale, nous augmentons nos chances d'arriver à faire notre processus intérieur.

Malheureusement, la plupart des gens ne perçoivent pas le mariage de cette façon. Plusieurs croient que se marier égale s'assurer un avenir, une sécurité affective ou matérielle. Beaucoup de gens se marient pour être aimés, pour avoir une présence dans leur vie plutôt que pour apprendre à se connaître et à s'aimer l'un à travers l'autre. En nous impliquant dans une relation intime, nous pouvons regarder comment nous vivons nos principes masculin et féminin à l'intérieur de nous-mêmes. La façon dont nous vivons avec notre conjoint représente exactement la façon dont nous vivons la relation entre l'homme et la femme en nous. Nous pouvons grandir, apprendre à se connaître, apprendre à aimer avec notre conjoint même si celui-ci n'a pas la même perception du mariage. La conscientisation et la façon d'évoluer sont des décisions personnelles.

Je travaille en relation d'aide et je vois souvent des cas de violence conjugale. Je m'aperçois que dans bien des cas, c'est la femme qui ne s'estime plus. Vous dites qu'il est important d'accepter pour être dans l'amour inconditionnel. Est-ce que vous voulez dire que cette femme doit accepter de se laisser frapper et ne rien faire?

Vous dites avoir constaté que quand un homme est violent avec sa femme, c'est elle qui finit par ne plus s'estimer. J'ajouterais à cela que, non seulement la femme ne s'estime plus, mais l'homme qui bat sa femme n'a aucune estime pour le principe féminin en lui non plus. Les deux conjoints ne s'estiment plus du tout et c'est la raison pour laquelle ils ont été attirés l'un vers l'autre. La seule différence entre l'homme et la femme, c'est que l'homme exprime ouvertement la violence qu'il vit à l'intérieur de lui tandis que la femme se retient, se contrôle et se violente elle-même intérieurement.

Une femme qui a ce genre d'attitude peut se créer des maladies très violentes, à cause de son refoulement. Il est regrettable de constater qu'il y a de plus en plus de violence conjugale. Une femme doit-elle se laisser battre et ne rien faire? D'après ce que j'ai pu constater, cela dépend du seuil de tolérance de chacune. Je connais des femmes qui se font battre régulièrement depuis plusieurs années et qui continuent quand même la vie commune avec leur conjoint. Elles se disent: *"Dans le fond, il est bon même s'il perd le contrôle de temps en temps. Je ne peux pas le laisser."* C'est effectivement très difficile à comprendre pour quelqu'un qui ne vit pas cette situation. D'autres personnes ont un degré de tolérance bien moins élevé. Nous n'avons pas tous les mêmes limites.

La meilleure chose à faire dans ces cas-là, c'est d'apprendre à se regarder à travers l'autre. Si la femme se demande par exemple: *"Comment se fait-il que je sois avec un homme si violent?"*, elle pourrait se questionner sur le principe masculin en elle. Son homme intérieur est-il à ce point violent qu'il la maltraite constamment, la critique et la sous-estime? Est-il possible que son mari soit tout simplement dans sa vie pour lui faire réaliser ce qu'elle vit intérieurement? Dès qu'une femme commence à se regarder à travers l'attitude de son mari, même si elle est encore incapable de lui en parler, quelque chose se passe dans l'invisible car il y a un début d'acceptation.

Accepter, c'est constater une situation et **lâcher prise**, c'est cesser de blâmer l'autre ou de lui en vouloir. C'est aussi regarder ce qui se passe véritablement en dépit des apparences. Si cette femme commence à se dire: *"Ce conjoint serait donc là pour me faire voir des aspects de moi?"*, quelque chose va se transformer dans l'attitude du conjoint.

L'énergie de l'acceptation devient tellement forte qu'elle se reflète assez rapidement dans l'attitude de l'autre. C'est cela le résultat de l'amour. Quand le problème de violence conjugale date de plusieurs années, il est recommandé que les deux personnes aillent chercher de l'aide extérieure pour être guidées dans leur démarche. Il est important que les deux veuillent s'en sortir et, même s'ils se font aider, c'est eux-mêmes qui doivent faire le travail. Personne ne peut s'attendre à ce que quelqu'un d'autre règle entièrement tous ses problèmes.

Voici ma question: J'ai été mariée dix-huit ans avec un homme alcoolique. J'ai refait ma vie avec un autre alcoolique. Avec ce dernier, j'ai presque appris à le laisser vivre sa vie et à vivre la mienne en pensant à mon "je". Mais ce que je n'ai pas encore compris, c'est le but de cette expérience. Avec les connaissances que tu as, est-ce que tu pourrais m'orienter pour que je puisse vivre cette expérience dans l'amour et la joie? J'aime cet homme et je suis presque heureuse avec lui. Est-ce mon karma ou bien une expérience que j'ai voulu vivre?

Vous êtes en train d'apprendre à aimer davantage grâce à cette expérience. Le but de chaque être humain est de s'améliorer intérieurement et cela s'effectue rapidement à travers l'amour et les expériences reliées à l'amour. En acceptant la dépendance de votre mari et en le laissant "être", vous développez l'amour de vous-même. Vous êtes déjà sur la bonne voie et avec le temps, vous vivrez de plus en plus de joies.

Vous me demandez si c'est votre karma. Le karma, c'est la loi de cause à effet; il est donc certain que cela fait partie de votre karma, de votre choix, de votre plan de vie. Avant même de naître, vous saviez qu'il vous restait encore à apprendre à aimer quelqu'un de dépendant. En apprenant à aimer quelqu'un malgré sa dépendance, vous faites de même avec votre propre partie dépendante.

Notre seule raison d'être est d'apprendre à aimer toutes les parties de nous. Nous aurons complété ce que nous sommes venus faire sur Terre quand nous aimerons chacun de nos aspects intérieurs et non quand chaque partie sera parfaite selon nos standards. Notre vision de la perfection est une conception purement personnelle qui provient de ce que l'on appelle le "mental inférieur". Nous avons tous une idée bien différente de ce que doit être une personne parfaite. Lorsque nous nous acceptons et que nous nous donnons le droit d'être ce que nous sommes aujourd'hui, nous donnons le même droit aux autres. Un jour, nous n'aurons plus besoin de vivre de telles expériences parce que nous aurons appris l'amour inconditionnel.

Mon mari est dépressif. Il a quarante-deux ans et ses seuls intérêts sont son travail et regarder la télévision. Comment apprendre à vivre avec un tel homme? Je contemple l'idée de m'en aller avec mes deux filles de quinze et seize ans. Cela fait plus de deux ans qu'il ne me caresse plus et qu'il ne me fait plus l'amour. Il ne veut aucune aide professionnelle. Je me sens coupable de vouloir le laisser.

Dans votre question, vous employez les termes “comment apprendre à vivre avec un tel homme”. Une partie de vous veut donc continuer à vivre avec lui car vous ne m'avez pas demandé “comment quitter cet homme sans me sentir coupable”. Il n'est pas facile de vivre avec un être dépressif. D'après une synthèse que j'ai faite à ce sujet, j'ai constaté qu'une personne qui tend vers la dépression en veut beaucoup à son parent du sexe opposé. Votre mari n'a certainement pas complété sa relation avec sa mère, de qui il a été très déçu. Il lui en veut pour quelque chose et sa façon de la punir, c'est de vous punir. Comme il ne peut pas le faire avec sa propre mère, il a transféré ses sentiments sur vous. La raison pour laquelle il est difficile de vivre avec un être dépressif est qu'il veut faire souffrir le sexe opposé.

C'est à vous d'agir. Vous pourriez aller voir à l'intérieur de vous: Quel est votre degré d'amour pour cet homme? Quel est votre seuil de tolérance? Quelles sont vos limites? Jusqu'où pouvez-vous aller sans vous détruire vous-même? Vous n'êtes pas avec cet homme par hasard et il vous donne une occasion merveilleuse d'apprendre à ouvrir votre coeur et à développer votre amour. Si vous êtes capable de vivre cette situation avec détachement, vous réaliserez que c'est son grand amour déçu pour sa mère qu'il transfère sur vous. Ressentez sa souffrance intérieure. Si vous arrivez à être touchée par ce qu'il vit, cela aidera énormément votre relation. Vous pouvez communiquer avec lui, lui parler de ce que vous vivez mais sans vous attendre à ce qu'il veuille aussi en parler.

Habituellement, une personne dépressive ne veut pas se faire aider car elle préfère penser que tout est de la faute des autres. Vous pouvez lui partager ce que vous ressentez, ce que vous constatez, lui parler de vos limites. Permettez-vous d'avoir des limites et dites-lui jusqu'où vous pouvez tolérer la situation. Vos limites s'élargiront peut-être mais il est important que vous acceptiez celles qui sont là présentement. C'est une question d'amour de soi. Une partie de vous aime cet homme et une autre partie a de la difficulté à vivre de la joie à cause de l'atmosphère déprimante qui règne chez vous. Si vous laissez toujours gagner la partie de vous qui veut aider votre mari, peut-être le temps est-il venu de permettre à l'autre partie de vivre aussi? Vous sentez-vous à l'aise à l'idée de partir seule avec vos filles? Allez vérifier à l'intérieur de vous.

Si vous constatez que vous vous sentiriez trop coupable parce que vous n'acceptez pas la partie de vous qui a besoin de plus d'espace, alors faites votre choix. Il n'est pas facile de prendre une décision quand nous sommes en contact avec deux parties de nous qui sont aussi fortes que contradictoires; mais nous devons faire un choix, tout en acceptant que ces deux parties existent. Vous avez le droit d'aimer chaque partie de vous-même.

Dans votre premier livre, vous expliquez qu'il faut s'assurer qu'une relation soit vraiment terminée avant de laisser notre conjoint, sinon la même situation se répétera à nouveau avec un nouveau conjoint. Est-ce à dire que si je vis beaucoup d'émotions avec mon conjoint, si je suis toujours en réaction, je dois trouver une façon différente de vivre mes émotions et que je ne peux pas le quitter?

Je dis dans mon livre que si vous quittez un conjoint parce que vous êtes incapable d'accepter un aspect de lui, vous retrouverez ce même aspect sous un autre visage: votre prochain conjoint, un patron, un enfant, un collègue de travail, etc. Nous sommes ici sur Terre pour apprendre à accepter toutes nos différentes parties. Ce sont certaines de vos parties que vous voyez en lui qui vous dérangent et qui vous font vivre tant d'émotions. L'idéal est d'apprendre à vous connaître à travers lui plutôt que de l'accuser de vous faire vivre des émotions et ce, sans vous contrôler, sans rien refouler et sans le quitter.

Si toutefois vous ne vous sentez pas prête à faire ce travail intérieur et que vous voulez mettre un terme à votre relation, donnez-vous le droit de le remettre à plus tard. Si vous quittez votre conjoint, il est bon de le faire dans la paix et l'harmonie, en acceptant que votre décision n'a rien à voir avec lui. Si votre réaction face à lui est trop douloureuse à vivre, vous avez le droit de décider de ne pas continuer. Si vous adoptez cette ligne de conduite, la séparation se fera plus facilement.

Vous devez par contre réaliser que les aspects de lui que vous ne pouviez pas accepter vont certainement ressurgir dans votre vie, à travers quelqu'un d'autre. D'ici ce temps-là, vous serez peut-être plus en mesure d'y faire face. L'important, c'est de ne pas accuser l'autre et d'être consciente que si vous mettez fin à une relation, c'est bien parce que vous ne voulez pas regarder les parties de vous que votre conjoint vous reflète.

Comment faire pour avoir une bonne relation avec un conjoint qui tire beaucoup de mon énergie parce qu'il en a besoin? Il me vide quotidiennement et je trouve cela lourd à supporter.

Permettez-moi de vous assurer que personne n'a le pouvoir de vous vider de votre énergie. Quelque chose à l'intérieur de vous fait en sorte que vous vous laissez vider d'énergie. Si vous êtes portée à manquer d'énergie, c'est parce que vous voulez trop changer les autres. Il doit y avoir beaucoup de critique intérieure en vous et peut-être même de la critique extérieure. Ce sont vos critiques qui mangent votre énergie. Quand vous êtes avec votre conjoint, une partie de vous doit vouloir le changer parce que vous n'êtes pas d'accord avec ce qu'il est ou avec ce qu'il fait.

Vous vous rendriez un grand service en observant ce qui se passe à l'intérieur de vous et en donnant à votre conjoint le droit d'être ce qu'il est. Cessez de vouloir le contrôler, le diriger et le changer. Permettez-vous aussi d'être ce que vous êtes et vous verrez une nette différence dans votre niveau d'énergie.

Pensez-vous que la philosophie de vie que vous enseignez soit la meilleure thérapie pour

venir en aide à un couple en difficulté? Avez-vous des témoignages pour le confirmer?

Je crois profondément en cette philosophie de vie sinon il me serait impossible de l'enseigner. Je la pratique moi-même avec mon deuxième conjoint depuis neuf ans et je peux constater les résultats bénéfiques quotidiennement. Quelle différence par rapport à mon premier mariage qui a duré quinze ans! Le bonheur que je vis n'a rien à voir avec ces deux conjoints. Il est dû à ma nouvelle perception de l'amour, celle qui est enseignée à Écoute Ton Corps.

Maintenant, vous affirmer que c'est la meilleure thérapie pour un couple en difficulté est quelque chose que je ne peux pas faire. Je peux vous dire qu'Écoute Ton Corps a aidé beaucoup de couples depuis ses débuts il y a dix ans. Ce que nous enseignons n'est pas une vérité qui plaît à tout le monde et il est important que vous ayez suffisamment de discernement pour voir si cette philosophie vous attire. Si oui, essayez-la dans votre vie et voyez si elle vous aide à être plus heureuse. La vraie compréhension vient avec l'expérience. De toute façon, elle ne peut pas vous faire du tort car c'est un enseignement basé sur l'amour. Si ce n'est pas ce qui vous aide le plus, vous pourrez toujours essayer autre chose par la suite.

Comment savoir si mon ami m'aime vraiment sincèrement ou s'il est avec moi seulement pour la sexualité?

Ce n'est pas pour rien que vous doutez. Une partie de vous croit certainement que les hommes recherchent les rapports sexuels avant tout et tant que vous y croirez, la même situation se reproduira même si vous changez d'ami. Vous avez peur de vous faire avoir au niveau de la sexualité et cela démontre qu'il y a définitivement quelque chose de non réglé à ce niveau-là. Plus vous croirez que les hommes ne pensent qu'au sexe et plus vous vous attirerez des hommes fortement portés vers la sexualité.

Allez vérifier à l'intérieur de vous. Se peut-il que vous aimiez, vous aussi, l'aspect de la sexualité dans une relation? Se peut-il qu'une autre partie de vous croit que ce n'est pas correct d'aimer cela? Vous confiez-vous à votre ami? Est-il au courant de vos craintes, de vos doutes? Ce qui se passe en vous, au niveau de votre mental, vous appartient. Si vous doutez, ce n'est pas à cause de votre ami. Même si votre ami vous jurait et vous assurait de ses bonnes intentions, cela ne vous tranquilliserait pas plus.

Dans un couple, il peut y avoir à la fois beaucoup d'amour ainsi qu'une vie sexuelle très active. Utilisez votre discernement pour sentir la sincérité de votre ami. Vous êtes la mieux placée pour cela. Dites-vous bien que ce n'est pas pour être aimée que vous avez un compagnon de vie mais plutôt pour apprendre à aimer avec lui. L'aimez-vous véritablement? C'est peut-être cette question-là que vous devriez vous poser.

On nous a toujours enseigné que nous devions investir dans notre couple, mettre de l'eau dans notre vin. Comment le faire sans être soumis?

Mettre de l'eau dans son vin signifie arrêter de ne penser qu'à soi, donc être davantage à l'écoute de l'autre. C'est loin de vouloir dire que vous devez vous plier à tous les caprices de votre épouse. Être à l'écoute de l'autre, c'est être réceptif à ce que l'autre vit, ses peurs, ses besoins et prendre plaisir à lui faire plaisir. Si vous vous sentez soumis, c'est que vous répondez aux besoins et aux désirs de l'autre mais en reniant les vôtres, c'est-à-dire en ne respectant pas vos propres limites. Vous devez aller à l'intérieur de vous et vous demander: *"Jusqu'où suis-je prêt à aller, quelles sont mes limites présentes?"* Vos limites peuvent s'élargir ou rétrécir d'un jour à l'autre.

Vouloir donner à l'autre, c'est faire tout en votre pouvoir pour lui faire plaisir par des petites attentions, des petites choses toutes simples qui rendent la vie si agréable et qui vous demandent souvent très peu.

Toutefois, si vous avez l'impression que votre partenaire vous en demande trop, c'est une autre histoire. Allez vérifier en vous si le fait de satisfaire ses désirs vous force à vous manquer de respect, à vous sentir mal et à être en colère contre vous-même. Dans ce cas, vous pourriez par exemple lui dire: *"Je ne peux pas faire ce que tu me demandes aujourd'hui. Cela ne veut pas dire que je ne voudrai jamais le faire mais aujourd'hui, c'est trop me demander. Si je le fais, je vais m'en vouloir et je vais t'en vouloir alors j'aime mieux me respecter pour l'instant."* Si votre partenaire voit à quel point vous vous impliquez dans la relation, elle ne vous en voudra pas et pourra même sentir qu'elle vous en demande peut-être un peu trop.

Quand je me révèle à mon mari pour lui dire comment je me sens face à ce qu'il fait, il m'écoute, il me répond simplement que c'est sa vie, qu'il est ainsi et qu'il ne peut pas changer. D'après lui, je n'ai pas à me sentir mal, c'est à moi d'agir pour être bien. Comment agir face à cela?

Votre mari a certainement un bon point. C'est sa vie et il n'a de compte à rendre à personne d'autre qu'à lui-même. Par contre, quand il affirme ne pas pouvoir changer, je ne suis pas d'accord. Chaque individu peut changer pour le mieux s'il décide de le faire. Ce qu'il est plutôt en train de vous dire, c'est qu'il ne veut pas changer pour le moment. C'est différent.

Il a parfaitement raison de vous dire qu'il n'y peut rien. Si vous vous sentez mal par rapport à ce qu'il fait, cela ne vient que de vous-même. Avant tout, vous devez apprendre à accepter, c'est-à-dire constater que ce qu'il fait vous dérange. Ensuite, il serait bon que vous cerniez ce qui vous dérange autant. Puis faites le lien avec la partie de vous que vous n'acceptez pas. Les agissements de votre mari entrent-ils directement dans votre espace, viennent-ils vous brimer et déranger votre vie? Ou diriez-vous plutôt que vous n'aimez pas ce qu'il fait? Allez voir à l'intérieur de vous si cela vous implique directement. Voyez ensuite si vous êtes prête à continuer de la sorte. Si ses agissements ne concernent que lui, alors cela ne vous regarde pas.

Étant donné que vous ne m'avez pas donné d'exemple précis, je vais vous en donner un pour mieux illustrer mon point de vue. Admettons que ce qui vous dérange chez lui, c'est qu'il sorte avec ses amis ou qu'il prenne un verre. Dans les deux cas, cela ne vous regarde pas. Vous devez apprendre à aimer votre vie sans être dépendante de lui pour votre bonheur. Admettons maintenant qu'il invite une foule d'amis chez vous jusqu'aux petites heures du matin et qu'ils soient très bruyants ou saccagent la maison. Dans ce cas, il entre directement dans votre espace. C'est dans ce genre de situation que vous devez vous expliquer et trouver un compromis puisque vous êtes tous les deux concernés.

Que faire pour attirer de l'argent dans un couple quand l'un est positif et l'autre négatif?

Ici encore, je répète qu'il n'y a pas de hasard. Le fait que deux personnes soient attirées l'une par l'autre démontre que leur fond est semblable et qu'elles ont de nombreux points en commun. Très souvent ces points en commun sont exprimés de façon tellement différente que les deux finissent par ne plus se voir tels qu'ils sont réellement. Dans les cas extrêmes, les conjoints peuvent même aller jusqu'à se penser contraires. Vous avez tous les deux un aspect positif et un aspect négatif en vous en ce qui concerne l'argent.

Comme votre question ne donne pas de précision, je vais présumer que dans votre couple, vous êtes l'homme qui pense positivement et que c'est votre conjointe qui est négative. Cette dernière exprime plus facilement son côté négatif tandis que votre côté positif est dominant. Vous prétendez que vous avez confiance, que l'argent va arriver et que tout finira par bien aller. C'est toujours la personne la plus positive dans le couple qui croit que c'est à cause de l'autre que l'argent ne rentre pas. Croyez-vous que c'est le négativisme de votre épouse qui bloque les entrées d'argent? Pouvez-vous affirmer en toute honnêteté qu'il ne vous arrive jamais d'avoir peur d'en manquer? Si vous êtes positif, vous ne vous permettez pas d'accepter la partie négative en vous et vous osez encore moins en parler ouvertement.

Votre couple connaîtra l'harmonie financière quand vous réussirez tous les deux à accepter vos côtés positifs et négatifs. Vous devez vous donner le droit vous aussi d'être négatif et d'avoir peur. Vous n'en serez pas une moins bonne personne pour autant. C'est simplement quelque chose qui est là en ce moment. Quand à votre conjointe, admettez qu'il lui arrive sûrement d'être positive. Son aspect négatif prenant souvent le dessus, cela vous empêche peut-être de voir son aspect positif.

Je vous suggère de vous aider mutuellement en faisant le petit exercice suivant. Demandez à votre conjointe: *"Es-tu capable de me donner des exemples où je suis négatif ou positif au sujet de l'argent?"* Demandez aussi à des personnes qui vous connaissent bien de vous donner de tels exemples et faites-en ensuite le bilan tout en apprenant à accueillir le bon côté de ces deux aspects de vous-même. Donnez-vous le droit d'être tel que vous êtes en ce moment.

Ensuite, asseyez-vous avec votre épouse et écrivez vos préférences en vous posant la question suivante: *"Si toutes les circonstances étaient parfaites au niveau de l'argent, quels seraient nos buts en tant que couple? Quel projet commun aurions-nous?"* Pensez-y, visualisez ce que vous voulez, faites des actions en conséquence, parlez-vous en et acceptez qu'un jour, vous goûterez à votre préférence. Pour que cela se réalise, vous devez avant tout vous donner le droit de ne pas encore en être rendus là.

Comment doit-on se comporter quand on vit avec un conjoint qui fait des crises d'angoisse allant même jusqu'à la panique? Je trouve que cela peut finir par affecter l'autre.

Cette situation vous affecte parce qu'elle vous dérange et que vous ne pouvez pas accepter l'état de votre mari. Une personne vit de l'angoisse lorsqu'elle ne s'aime pas assez. Vous avez sans doute remarqué que c'est au niveau du coeur que votre conjoint a mal quand il est en état de crise. La région du coeur est compressée et le message que son corps lui envoie est le suivant: *"Au secours, je manque d'amour, aime-moi davantage."* Votre mari doit être très exigeant envers lui-même et il ne se donne certainement pas beaucoup d'amour. Vous pouvez lui en parler ouvertement.

Je connais un très bon remède pour les angoissés: suggérez-lui de se faire au moins dix compliments par jour, par écrit. Plutôt que de porter toute son attention sur les choses qu'il se reproche, il pourra commencer à se complimenter pour toutes les bonnes choses qu'il a faites, dites ou ressenties pendant la journée. S'il fait ce petit exercice tous les soirs, il commencera tranquillement à s'estimer davantage.

Il ne doit pas être facile de partager votre vie avec un angoissé, surtout si vous avez de la difficulté à accepter la situation. Le mieux pour vous, c'est d'apprendre à sentir sa douleur et son manque d'amour pour lui-même. Il ne s'agit pas de lui lancer brusquement: *"Bien voyons, aime-toi donc plus!"* Il s'agit plutôt d'accepter son état présent sans lui faire la morale. Vous perdriez votre temps à essayer de le raisonner. Constatez simplement qu'il vit des choses difficiles et qu'en ce moment, il a de la difficulté à s'aimer. Il vous deviendra plus facile d'accepter la situation.

Comment inciter mon mari à acheter ses vêtements tout seul? Si je le laissais faire, il ne s'en achèterait jamais. Il me dit qu'il n'en a pas besoin, ou bien qu'il en a déjà trop et n'a plus de place pour les ranger, que ça coûte trop cher ou encore, que c'est de l'argent gaspillé. Il a toujours un tas de raisons pour ne pas en acheter. Il garde ses vêtements au moins dix ans sinon plus.

Il est évident que votre mari ne croit pas qu'il est important pour lui de porter du neuf. Vous semblez par contre y attacher de l'importance. Toutes les raisons qu'il vous donne sont là pour vous faire voir cette croyance qui est très forte chez lui et qu'il a certainement "achetée" de son père ou de sa mère. Si vous tenez à ce que votre mari porte des vêtements plus beaux et plus nouveaux, vous devez accepter l'idée que lui n'y tient pas particulièrement et que vous allez devoir continuer à choisir son linge. Ne vous faites pas d'illusions et acceptez l'idée que quand vous choisissez ses vêtements, vous ne le faites pas pour lui mais bien pour vous-même.

Vous pourriez par exemple lui dire: *"Je me rends bien compte que ce n'est pas important pour toi de porter du beau mais que ça l'est pour moi. Est-ce que cela te dérangerait beaucoup que je me fasse plaisir en t'achetant les vêtements que j'aimerais te voir porter? Dans le fond, je sais bien que je le fais pour moi parce que toi, cela t'importe peu. Si tu veux me faire plaisir, tu pourrais porter les vêtements que je t'achète."* Réalisez qu'il y a du bon dans cette situation: votre mari sera toujours habillé à votre goût. Il est important de regarder le bon côté des choses.

Quand tu es une personne ordonnée et bien organisée et que ton partenaire est plutôt le contraire, quelle attitude prendre pour éviter les colères et les disputes?

Ce n'est pas par pur hasard que vous avez un partenaire semblable. Il est là pour vous refléter une partie de vous que vous ne voulez pas accepter et qui aimerait bien se laisser aller de temps en temps, ne pas être aussi ordonnée. Il vous arrive sûrement d'être stressée par votre côté méticuleux. Vous pourriez commencer par vous donner le droit d'être parfois un peu moins ordonnée. Observez-vous. Comment vous sentez-vous dans cette expérience?

Votre partenaire a lui aussi une partie de lui qui se sent bien quand chaque chose est à sa place mais c'est un aspect de lui qu'il n'accepte pas encore. Il doit même lui arriver de se forcer pour ne pas être organisé mais je suis convaincue qu'il apprécie beaucoup une maison propre et bien rangée. Vous avez besoin de trouver un juste milieu. Vous pourriez peut-être essayer d'aller à l'autre extrême en décidant une bonne journée de tout laisser traîner. Faites-le seulement à titre d'expérience et voyez comment il se sent quand il entre dans une maison sens dessus dessous.

Faites-le parler de ce qu'il vit. Dites-lui que vous avez besoin d'apprendre à vous accepter et que, pour cette raison, vous voulez vérifier s'il n'y aurait pas une partie de vous qui aimerait être moins organisée. Je suis certaine que vous préférez l'ordre au désordre et qu'il vous serait difficile de vivre dans une maison toujours à l'envers. Je ne vous suggère pas de devenir désorganisée mais plutôt de vous accorder le droit, de temps à autre, de laisser traîner un peu, de moins vous stresser à vouloir tout ranger et tout contrôler.

Si votre partenaire laisse les choses aller et que vous ne vous sentez pas bien dans le désordre, il est alors important que vous mettiez de l'ordre tout en réalisant que c'est pour vous-même que vous le faites parce que cela vous fait plaisir. Vous pourriez lui partager que vous avez décidé d'accepter son côté désordonné et que, pour y arriver, vous avez besoin de vous laisser aller vous aussi de temps à autre. S'il est d'accord, vous pourriez conclure une entente. Il pourrait être plus ordonné dans certaines pièces ou bien, il pourrait choisir une journée de la semaine pour mettre de l'ordre. En communiquant, vous trouverez sûrement des solutions qui conviendront aux deux.

Je voudrais savoir pourquoi une grande colère gronde en moi quand mon mari fait des choses que je n'aime pas, surtout quand il arrive à la maison ivre?

Votre mari vous reflète une partie de vous que vous ne voulez absolument pas voir et c'est pour cette raison que la colère gronde en vous. Vous êtes tellement occupée à l'accuser et à vouloir le changer que vous ne prenez même pas le temps de regarder votre propre dépendance. Vous êtes sur Terre pour apprendre à vous connaître davantage et pour vous améliorer. Vous avez un mari qui peut vous aider à faire ce travail. Vous pouvez évoluer et grandir avec l'aide de votre mari. Vous avez peut-être l'impression d'être fâchée contre votre mari mais si vous y regardiez de plus près, vous verriez que votre colère est tournée contre vous.

C'est votre souffrance intérieure qui vous empêche de le voir. Il serait grand temps d'aller voir à l'intérieur de vous. Quelle est votre dépendance? Vous dépendez beaucoup l'un de l'autre. Vous avez besoin d'en devenir consciente et surtout de vous accepter. Présentement vous, ainsi que votre mari, ne vous aimez pas assez et dépendez d'une autre personne pour votre bonheur.

Comment vivre heureuse avec un conjoint qui n'a pas le même degré d'évolution? C'est beau de respecter l'autre mais cela ne m'allume pas.

Si votre conjoint ne veut pas évoluer dans le même sens et à la même vitesse que vous, cela ne signifie pas qu'il n'évolue pas du tout. Son rythme est simplement différent du vôtre. Aucune personne sur cette planète n'a le droit de vouloir contrôler l'évolution d'une autre personne. Si vous arrêtiez de vouloir qu'il suive votre cheminement et si vous commenciez à l'observer, à l'écouter et à le sentir véritablement, vous pourriez constater qu'il évolue tout comme vous le faites. L'évolution intérieure est un processus très subtil et les résultats sont plus ou moins apparents selon les individus.

Posez-lui des questions profondes, demandez-lui sa perception de la vie et écoutez bien ses réponses, surtout celles qui ne font pas votre affaire. Il se peut fort bien que sa vision de la vie soit très profonde et que vous n'en sachiez rien. Il n'est pas nécessaire que deux conjoints évoluent dans le même sens et à la même vitesse. Vous avez sûrement à accepter qu'il y a des personnes qui sont très spéciales même si elles suivent des cheminements différents du vôtre.

Il est très dangereux de se penser plus évolué que quelqu'un d'autre. Cela s'appelle de l'orgueil spirituel. L'orgueil est un obstacle majeur sur le chemin de notre évolution personnelle et je vous suggère d'être prudente dans ce domaine. N'oubliez pas que vous êtes ici pour reprendre contact avec votre **DIEU** intérieur et non pour voir à ce que les autres le fassent à votre façon.

Avez-vous des regrets ou vous sentez-vous coupable de ne pas avoir fait profiter votre premier mari de votre évolution surtout quand vous réalisez que vous auriez pu vous y prendre avec lui comme vous le faites maintenant avec votre deuxième conjoint?

Je ne peux pas avoir de regrets parce que c'est grâce à ma séparation que j'ai commencé mon évolution spirituelle. Le passé est le passé. Pendant les quinze années de mon premier mariage, je ne pouvais pas accepter mon mari tel qu'il était. Je ne connaissais rien de l'amour véritable et je voulais toujours le changer. Maintenant que je comprends mieux ce qu'est l'amour, j'ai appris à l'accepter et à accepter nos différences. Je constate que je l'aime plus aujourd'hui que lorsque j'étais mariée avec lui. Quand nous vivions ensemble, je l'aimais uniquement quand il était à mon goût. Mon bonheur dépendait de lui, je n'étais bien que lorsqu'il faisait les choses que j'aimais. Je l'aimais pour ce qu'il me rapportait. C'était une relation de dépendance. Maintenant, je suis capable d'être bien avec lui, même s'il est très différent de moi.

En ce qui me concerne, ce qui est le plus important dans la vie, c'est d'apprendre à aimer. Grâce à cette séparation, j'ai appris à aimer davantage. De plus, il n'y a pas qu'avec moi que mon ex-mari peut évoluer. Il le fait beaucoup à travers nos enfants qui lui rendent souvent visite. Quand nous nous rencontrons à l'occasion, nous pouvons être à l'aise pour se parler même si nous avons des façons différentes de procéder. Il a lui aussi une nouvelle épouse avec qui il est très heureux. Je ne peux pas regretter de ne pas l'avoir fait profiter de mon évolution car ce n'était peut-être pas la meilleure façon de cheminer pour lui. Il a une vision de la vie bien à lui.

L'important pour moi, c'est d'évoluer et de m'améliorer. Je ne me suis pas mariée pour que l'autre profite de mon évolution. Je me suis mariée afin d'utiliser mon conjoint pour apprendre à me connaître et à m'accepter à travers lui. Quand je dis utiliser mon conjoint, je ne parle pas de profiter de lui mais bien de collaborer avec lui afin de m'aider à conscientiser. J'ai constaté que je peux y arriver plus vite que si je vivais seule.

En ce moment, je ne suis pas chez moi tous les soirs parce que je suis partie prendre mes

cours. Mon mari se sent abandonné. Je me sens très bien là-dedans mais lui non. Il parle même de séparation pour cette raison. Comment dois-je agir avec lui?

Votre mari est dépendant de votre présence. Il a sans doute été habitué à vous avoir toujours à ses côtés. Si vous êtes heureuse de sortir de temps en temps et de suivre vos cours, il est important d'écouter vos besoins et de ne pas abandonner. Cependant, lorsque l'on amorce un changement de comportement qui a pour effet de modifier les habitudes établies avec un conjoint, il est important d'y aller doucement, de ne pas l'assommer. Combien de cours prenez-vous? Faites-vous exprès d'en prendre beaucoup dans le but de l'habituer ou de lui démontrer que vous avez décidé de faire à votre tête? Si oui, je vous suggère de continuer à prendre des cours mais avec modération.

Votre mari et vous avez besoin de communiquer. Plutôt que de lui faire la morale et de lui en vouloir de ne pas être bien sans vous, essayez de lui parler avec votre coeur. Vous pourriez lui dire: *"Je vois bien que tu aimes m'avoir à tes côtés mais présentement, ce n'est pas ce qui me rend heureuse. Comment pourrions-nous faire pour être bien tous les deux?"* Vous pourriez lui offrir de vous accompagner à vos cours et il pourrait ainsi être à vos côtés.

Vous devez continuer à vous respecter et à écouter vos besoins tout en observant ce qui rend votre mari si malheureux. Il est important de régler ce différend le plus vite possible. Si vous vous forcez à rester chez vous uniquement pour lui faire plaisir, vous ne serez pas plus heureuse. Vous serez à la maison mais malheureuse intérieurement. Vous vous sentirez soumise et vous finirez par avoir des regrets. C'est vous qui finirez par vouloir la séparation. Alors en dialoguant et en négociant ensemble, il y a plus de chances que vous trouviez un terrain d'entente.

S'il n'y a plus d'amour mais seulement de l'attachement pour notre épouse, est-ce suffisant pour continuer à vivre ensemble? En plus, elle n'est pas comme je souhaiterais.

Dans votre cas, comme dans bien d'autres, le meilleur remède est la communication. Asseyez-vous avec votre épouse et discutez-en. Observez ce que vous vivez intérieurement. Votre épouse se pose-t-elle aussi des questions? Faites le point ensemble. Comment vous sentez-vous, tous les deux, à l'idée de continuer la relation encore plusieurs années? Ce que vous vivez présentement vous rend-il heureux tous les deux? Consultez-vous et si la réponse est "non" pour les deux, voyez ce que vous pourriez faire de différent. Plusieurs personnes ont très peur à l'idée de se séparer. Il n'y a peut-être plus d'amour sexuel ou d'amour passion entre vous mais si vous êtes très attachés l'un à l'autre, il est possible de vivre une belle relation. L'important est de mettre les choses au clair. Que voulez-vous? Ce genre de relation vous satisfait-il? Quelles sont les alternatives possibles?

Pourquoi est-ce que je veux changer mon conjoint? Est-ce parce que je ne l'aime plus assez ou est-ce parce qu'il est temps que je change de partenaire? Et comment se fait-il que mon mental prenne toujours le dessus?

Bravo! Vous êtes déjà consciente du fait que votre mental a le dessus sur vous. Il est clair qu'une partie de vous n'accepte pas que votre mari ne partage pas toujours votre façon de penser. Les croyances viennent du plan mental. Présentement, ce n'est plus vous qui menez votre vie car vous vous faites manipuler par votre mental, c'est-à-dire les croyances que vous avez acceptées depuis l'enfance.

Selon ce que vous me dites, il est évident que certaines de vos croyances ne contribuent plus à votre bonheur. C'est même le contraire qui se produit. Même en changeant de conjoint, si vous conservez les mêmes croyances, vous ne réussirez qu'à changer temporairement le mal de place. Quand nos croyances ne nous sont plus bénéfiques, elles nous apportent toujours des résultats contraires à ceux désirés. C'est d'ailleurs la meilleure façon de vérifier si nos croyances nous sont encore utiles ou si elles nous jouent des tours. Il serait bon de travailler sur vos croyances. Commencez par les identifier en vous posant les questions suivantes: *"Quel est le pire qui pourrait m'arriver si mon mari ne changeait pas? De quoi ai-je peur?"* La réponse vous renseignera sur vos croyances. Vous réaliserez sûrement que vous croyez à des choses absurdes et irréalistes qui risquent peut-être de ne jamais arriver.

En transformant certaines de vos croyances, votre attitude changera graduellement et vous multiplierez vos chances de réussite avec votre conjoint. Aussi, une des raisons pour laquelle une personne veut changer quelqu'un d'autre est qu'elle ne réalise pas l'importance d'utiliser son entourage pour se connaître et pour apprendre à s'accepter elle-même. En donnant le droit à quelqu'un d'autre d'avoir certains traits de caractère ou certaines habitudes, nous nous donnons le même droit. Comme nous sommes tous ici pour apprendre à nous accepter dans tout (surtout quand le mental a appris que ce n'est pas correct), plus une personne nous dérange et plus elle peut nous être utile.

Lorsque je décide d'avoir une discussion avec mon épouse et qu'elle me contredit, aussitôt tout bloque. Comment se fait-il que je ne sois plus capable de parler ou d'exprimer mon opinion?

Votre façon de réagir indique que vous vivez une peur. Vous avez un grand besoin d'être écouté mais en même temps, si vous croyez que ce que vous dites n'est pas assez important pour que votre épouse vous écoute, voilà la raison pour laquelle elle ne veut pas vous écouter. Il vous arrive exactement ce que vous croyez. Il se peut aussi que vous ayez très peur de lui déplaire.

Il serait important d'aller sentir la peur qui vous habite et de l'exprimer à votre épouse avant de commencer à discuter avec elle. Dites-lui que vous avez peur qu'elle vous interrompe, qu'elle vous contredise et que vous perdez vos moyens aussitôt qu'elle exprime son désaccord. Demandez-lui si elle vit aussi des peurs. A-t-elle peur de se faire accuser? C'est peut-être pour cette raison qu'elle vous interrompt ou qu'elle vous bloque. Si vous vivez de la peur, dites-vous bien qu'elle en vit aussi et que si vous êtes capables d'en parler ensemble, votre relation en sera grandement améliorée. Cependant, si elle ne veut pas voir ses propres peurs, n'insistez pas mais n'arrêtez pas pour autant de parler de ce que vous ressentez, surtout sans l'accuser.

Comment dois-je m'y prendre pour faire passer mon conjoint avant mes enfants? Présentement j'aime mes enfants au point de toujours les faire passer avant lui.

Vous vous demandez l'impossible. Vous vivez un conflit intérieur entre votre rôle d'épouse et votre rôle de mère. Peut-être avez-vous perdu de vue la femme que vous êtes? Il n'est par contre pas très bon pour votre relation intime que vous fassiez toujours passer vos enfants avant votre conjoint. Il ne devrait pas y avoir de compétition entre les deux. Ce que vous vivez avec vos enfants est différent de ce que vous vivez avec votre conjoint.

Regardons d'abord du côté de vos croyances. Selon vous, une bonne mère se doit-elle de toujours faire passer les enfants avant le conjoint? Si c'est ce que vous croyez, vous allez vous créer beaucoup d'émotions et de frustrations dans votre vie. Vos enfants vont devenir des maîtres manipulateurs. L'important, c'est vous. Vous n'êtes pas l'esclave de vos enfants et vous n'avez pas à être à leur service. Vous devez utiliser votre relation avec eux et avec votre mari pour grandir intérieurement.

Choisissez un moment où vous serez seule avec vous-même pour aller vérifier comment vous vous sentez intérieurement. Si toutes les circonstances étaient parfaites et que vous ne risqueriez de déranger personne, de quel côté pencheriez-vous? Je suis assurée que parfois le conjoint passerait avant et d'autres fois, les enfants. L'important est de vous donner le droit d'être épouse et mère sans vous sentir coupable.

Comment aider un homme à voir clair dans ses sentiments sans lui dire quoi faire? Mon mari a eu une aventure et nous sommes de nouveau réunis. Il a revu l'autre à deux reprises pour quelque chose concernant le travail et je lui ai dit qu'il avait le choix d'aller ailleurs pour ne pas la rencontrer.

Si vous voulez vraiment aider votre mari à voir clair dans ses sentiments, faites-le parler de ce qu'il ressent. En lui suggérant de faire ce que vous croyez être le mieux pour lui, vous le rendrez encore plus confus. S'il arrive qu'il revoie cette personne, encouragez-le à vous en parler. Demandez-lui comment il se sent, s'il y pense encore, ce qui se passe en lui quand il pense à cette aventure, s'il regrette cette aventure, s'il aimerait la recommencer. Comment s'est-il senti au moment où il a revu cette personne? Vous l'aiderez beaucoup plus en étant ouverte à ce qu'il vit.

Bien sûr, ce n'est pas facile à faire car je sens que vous êtes une personne possessive. Vous aimeriez retrouver votre mari et l'avoir à vous toute seule mais vous demandez l'impossible. Personne sur cette planète n'a le droit de posséder une autre personne. Chaque individu est une âme qui a repris un corps humain pour grandir davantage et chaque âme a un plan de vie. Vous ne pouvez pas interférer ou tenter de contrôler le plan de vie de votre mari. Nous devons utiliser toutes les situations pour apprendre à aimer davantage. Vous avez une occasion merveilleuse d'apprendre à mieux aimer votre mari, c'est-à-dire à accepter qu'il ne fait pas toujours ce que vous voulez.

Apprendre à aimer l'autre, c'est lui donner l'espace et la permission d'être ce qu'il est. Si vous voulez tout contrôler à votre façon, vous n'apprenez pas à aimer mais vous entretenez plutôt les mêmes vieilles croyances qui continuent d'influencer votre vie. C'est donc votre mental et non votre coeur qui dirige. Ce n'est pas de cette façon-là que le coeur s'ouvre. Rappelez-vous que votre mental doit être au service du coeur et non le contraire!

J'adore mon mari mais nous n'avons pas beaucoup de choses en commun. Même si j'allais voir ailleurs, qu'est-ce qui me dit que ce serait mieux? Cela fait huit ans que nous sommes ensemble et je ne veux pas vraiment tout recommencer à zéro.

Effectivement, il n'y a aucun moyen de savoir si la vie serait plus agréable avec quelqu'un d'autre. Vous dites que vous adorez votre mari et je vous suggère fortement de faire tous les efforts nécessaires pour que cela aille bien avec lui. Apprenez à l'accepter et à accepter vos différences. Il arrive fréquemment que des conjoints semblent n'avoir rien en commun mais ce n'est souvent qu'une fausse impression. En général, ils vivent exactement les mêmes choses mais les expriment de façon différente.

Par exemple, l'un des deux peut avoir peur au point d'en être paralysé: il ne fait rien, il ne passe pas à l'action. L'autre a aussi peur mais sa réaction est de foncer la tête la première pour camoufler sa peur. Comme vous le voyez, les deux semblent très différents l'un de l'autre mais, dans le fond, ils ont peur tous les deux. L'idéal est d'améliorer la qualité de votre communication. Vérifiez comment vous vous sentez, ce que vous vivez. Vous pouvez avoir une relation très saine même si, en apparence, vous n'avez pas beaucoup de choses en commun.

Je m'aperçois que je vis comme en conjoint avec mon fils depuis qu'il est très jeune. Il a maintenant quatorze ans et j'aimerais savoir quoi lui dire à ce sujet car il n'en sait rien. Il y a toujours un froid lorsque mon époux, mon fils et moi sommes tous les trois ensemble. Se peut-il que mon mari sente les vibrations entre mon fils et moi? Se peut-il qu'il vive quelque chose de difficile dans cette situation?

Au moins, vous êtes consciente de ce qui se passe et c'est merveilleux. La prochaine étape est d'apprendre à en parler ouvertement et d'être vraie. Commencez par votre mari et demandez-lui ce qu'il vit face à la situation. Est-il jaloux de votre fils? Il y a définitivement un complexe d'Oedipe très fort entre votre fils et vous-même. Parlez-en également à votre fils. Il serait bon qu'il sache ce qu'est le complexe d'Oedipe car lui non plus n'est certainement pas heureux dans cette relation. Le fait d'avoir un complexe d'Oedipe non résolu avec sa mère peut affecter sérieusement ses futures relations intimes avec les femmes. Si vous aimez vraiment votre fils, je vous suggère de faire tout ce que vous pouvez pour compléter votre complexe d'Oedipe. Par la suite, si votre mari accepte, vous pourriez même en parler à trois.

Il est difficile de savoir exactement pourquoi il y a des attirances si fortes entre parent et enfant mais nous savons tous qu'elles existent. Cela vient probablement du fait que nous revenons sur terre entourés des mêmes âmes. Nous appartenons à de grandes familles d'âmes et nous revenons dans différents rôles, parfois en tant que mère, enfant, amoureux, etc... Nous revenons avec les mêmes âmes pour apprendre à les accepter dans toutes les circonstances.

Si vous pouvez en parler à trois et être ouverts au sujet de vos peurs, vos désirs, vos pensées, vos sentiments, je peux vous assurer que votre vie familiale en sera de beaucoup améliorée.

Quel trait de caractère un conjoint démontre-t-il quand il demande deux à trois fois par jour à l'autre: "Est-ce que tu m'aimes?"

Il est en train de vous montrer à quel point il ne s'aime pas. En fait, il s'aime si peu qu'il doute que quelqu'un d'autre puisse l'aimer. Votre conjoint a simplement besoin d'être rassuré. Quand vous lui répondez que vous l'aimez, cela le satisfait temporairement mais par la suite, la voix de son mental reprend le dessus: *"Tu es bien sûr qu'elle t'aime? Elle t'a peut-être dit cela juste pour te faire plaisir!"* Dès qu'il se remet à douter, il ressent le besoin de vérifier à nouveau pour se faire rassurer. Voilà une belle occasion pour faire un acte d'amour! En apprenant à sentir la souffrance de votre conjoint, vous l'aiderez à avoir plus d'estime de lui-même. Vous êtes sûrement capable de l'aider à voir ses belles qualités. Grâce à votre support, il finira par réaliser qu'il est un être spécial.

J'aimerais que mon mari partage tous ses moments de loisirs avec moi. Je ne suis pas bien quand nous sortons chacun de notre côté. Que dois-je faire pour lui faire aimer les mêmes choses que moi? Je lui fais souvent plaisir en allant au hockey avec lui, même si cela ne me tente pas toujours. J'ai l'impression qu'on ne construit plus ensemble notre vie de couple. Est-ce que cela signifie qu'il faut divorcer?

Vous semblez être dépendante de la présence de votre mari pour votre bonheur. Si vous décidez de l'accompagner quelque part, vous devriez le faire de gaieté de coeur et non avec des attentes. Si vous avez dans l'idée qu'il devrait vous rendre la monnaie et vous accompagner à son tour, vous n'attirerez ainsi qu'émotions et déception. Ce n'est pas en sortant toujours ensemble que vous construirez votre vie de couple.

Une relation intime se construit dans l'acceptation et dans l'amour. Sortir séparément et avoir des intérêts différents sont des détails qui sont loin de constituer un cas de divorce. Vous gagneriez beaucoup à communiquer avec votre mari. Vous pourriez tous les deux vérifier comment vous vous sentez lorsque vous sortez séparément. Que se passe-t-il exactement en vous quand vous sortez seule? De la jalousie? De la peur? Peur de ce que les autres vont penser? Ensemble, vous pourriez en arriver à un compromis.

Vous ne pouvez obliger personne à avoir les mêmes goûts que vous. Si vous décidez de l'accompagner, cela devrait être par choix et avec joie et non par soumission ou comme outil de manipulation. Si cela peut vous rassurer, j'ai vu plusieurs cas comme le vôtre et c'est lorsque les deux se sont réellement acceptés dans leurs différences de goût, qu'ils ont commencé graduellement à se trouver des goûts communs.

Comment dois-je réagir quand mon conjoint parle contre mes parents? Cette attitude provoque les trois-quarts de nos disputes; cela et l'argent!

Votre conjoint sait que vous êtes très attachée à vos parents et quand il veut vous manipuler, il utilise ce bouton-là. Il connaît d'avance votre réaction. Quand quelqu'un fait tout ce qu'il peut pour nous faire réagir, c'est un cri "au secours". Votre conjoint a besoin de récupérer son espace et il essaie de le faire tant bien que mal. Se pourrait-il que vous soyez dans son espace, que vous essayiez de le diriger, de le manipuler à votre façon? Votre conjoint vous retourne votre manipulation de façon probablement très inconsciente. L'important est que vous vous demandiez quelle forme de manipulation vous utilisez vous-même. Nous récoltons toujours ce que nous semons. En ce qui concerne l'argent, j'en parle dans d'autres réponses que vous retrouverez dans ce livret.

Dois-je avouer à mon époux, avec qui je vis depuis vingt-quatre ans, que mon amour s'est transformé uniquement en sentiment fraternel? Je pense qu'il le ressent de toute façon. Dois-je le quitter pour continuer mon évolution et lui la sienne?

Vous avez raison de penser que votre mari ressent ce qui se passe en vous, même s'il n'en est peut-être pas entièrement conscient. Je constate que votre relation souffre d'un gros manque de communication. Il me paraît même urgent que vous lui partagiez ce que vous ressentez face à lui et que vous le fassiez parler de ce qu'il vit de son côté. Vous vivez probablement la même chose tous les deux. Le plus important est que vous regardiez la situation ensemble. Est-ce possible pour vous deux d'avoir une vie heureuse en tenant compte de la transformation de vos sentiments l'un pour l'autre? Vous pourrez ainsi décider ensemble si vous souhaitez vous séparer ou si vous préférez maintenir la relation.

Vous vous demandez aussi si vous devriez le quitter pour continuer votre évolution et lui la sienne. Vous pouvez évoluer énormément ensemble en apprenant à vous accepter dans ce que vous vivez et en vous donnant beaucoup d'espace. Laissez-vous “être”, c'est cela l'évolution.

Ma femme a eu une aventure avec un autre homme, je le sais et je lui ai pardonné. Comment continuer notre relation et être capable de l'aimer tout en sachant qu'un autre l'a eue?

Vous pensez que vous lui avez pardonné son aventure mais votre pardon n'a pas encore été fait avec votre coeur. Pour l'instant, vous lui avez pardonné mentalement. Je sens que voulez sincèrement lui pardonner mais votre processus n'est pas complété sinon vous n'auriez pas posé cette question et vous ne seriez pas mal à l'aise à l'idée qu'il y ait eu quelqu'un d'autre dans sa vie. Tout ce que l'autre a “eu”, c'est son corps physique et cela n'a rien à voir avec l'amour de deux personnes au niveau de l'être.

Pour arriver à être heureux, vous allez devoir faire un pardon véritable, avec votre coeur. En ce moment, vous vivez un amour possessif et vous croyez que, parce que vous êtes mariés, vous possédez automatiquement le corps de votre conjointe. C'est faux. Personne ne possède le corps de quelqu'un d'autre. Si vous n'arrivez pas à pardonner à votre épouse, cela signifie que vous seriez incapable de vous pardonner vous-même s'il vous arrivait la même chose. Se pourrait-il que vous ayez déjà désiré avoir une aventure mais sans vous être permis de la vivre? En lui pardonnant, vous vous pardonnez vous-même d'avoir eu ce désir que vous jugez inacceptable.

Entre quelqu'un qui désire ardemment une chose et quelqu'un qui passe à l'action, il n'y a pas vraiment de différence. Les deux vivent la même chose. L'un vit son désir dans le monde matériel physique et l'autre le vit dans le monde matériel psychique, c'est-à-dire le monde matériel invisible. Le monde psychique représente les désirs, la dimension émotionnelle. Vous pardonner, c'est avoir de la compassion, vous donner le droit d'avoir des faiblesses. Votre conjointe et vous-même êtes de bonnes personnes même si elle a exprimé une faiblesse au niveau sexuel.

Quelle attitude dois-je adopter avec un homme qui ne vit que pour son travail? C'est son sport favori, rien d'autre ne l'intéresse dans la vie. Il n'exprime pas ses sentiments à mon égard, restant très secret, très indépendant. Il est comme un robot; il répète toujours les mêmes gestes.

Votre mari semble très dépendant de son travail. Ce qui le rend heureux, c'est la réussite professionnelle. Quelle est votre dépendance à vous? Dépendez-vous de l'argent que votre mari vous apporte par son travail? Commencez à vous regarder à travers lui. Une fois que vous aurez découvert votre propre dépendance, la première chose à faire est de vous donner le droit d'avoir cette dépendance en voyant la peur qu'elle cache. En vous acceptant dans votre dépendance, il sera beaucoup plus facile d'accepter celle de votre mari.

Ensuite vous avez le choix. Vous pouvez vous accepter et décider d'utiliser l'attitude de votre mari pour apprendre à vous connaître, ce qui améliorera grandement votre relation. Ou bien si vous jugez que c'est au-delà de vos limites, vous pouvez décider de vous éloigner de cette relation en sachant que ce n'est que partie remise. Vous vous donnez le droit pour l'instant de reporter à plus tard l'acceptation de cette partie de vous qui est inacceptée. Quand une séparation se fait avec une telle prise de conscience, tout se fait à l'amiable et pour le bien des deux parties concernées.

J'ai présentement un nouveau conjoint qui, à cause de sa peur du rejet, est très peu démonstratif. Moi je m'exprime beaucoup et j'aimerais bien que mon conjoint le fasse aussi. Mon conjoint précédent était très jaloux et possessif et voulait toujours être avec moi. Je l'ai quitté pour cette raison. Aujourd'hui mon nouveau conjoint est très différent et très indépendant et je trouve cela difficile. Je suis indécise; je ne sais plus lequel des deux je préfère. Le premier me donnait beaucoup d'affection, le deuxième pas assez. Comment

puis-je me faire une idée? Lequel des deux est mieux pour moi?

Vous semblez aller d'un extrême à l'autre. Si vous êtes attirée par ces deux types de personnes, c'est pour vous refléter des aspects de vous. Une partie de vous est donc possessive et dépend de la présence de quelqu'un d'autre pour son bonheur. Une autre partie de vous se rejette, a peur d'être rejetée et aime mieux s'isoler dans son coin, ne pas parler et ne pas trop s'attacher pour ne pas se faire rejeter.

Vos expériences avec ces deux conjoints sont là pour vous faire voir ce qui se passe en vous. Utilisez-les pour regarder ce que vous vivez intérieurement. Vous avez une occasion formidable d'apprendre à mieux vous connaître. Réalisez que vous vivez la même chose qu'eux et observez bien votre comportement. Quand vous êtes avec celui qui est possessif, se pourrait-il que vous le rejetiez parce que vous rejetez cette partie de vous? Quand vous êtes avec celui qui vit du rejet, votre côté possessif ne prend-il pas le dessus? Apprenez à vous accepter avec ces deux aspects en vous. Observez-vous et donnez-vous le droit d'être ainsi.

Je suis assurée que vous êtes une personne remplie d'amour et que vous voulez vivre dans l'acceptation, sans vous critiquer ni vous dévaloriser. Une fois que vous aurez appris à accepter ces deux aspects de vous, il vous sera plus facile de trouver le bon conjoint. Ce sera peut-être un de ces deux-là ou quelqu'un d'autre. Pour le moment, l'important est de faire le travail à l'intérieur de vous. Ensuite votre **DIEU** intérieur vous guidera quant au conjoint dont vous aurez besoin pour continuer votre cheminement.

J'ai toujours dit que l'apparence, le "look" n'était pas important, que c'était l'intérieur qui comptait. J'ai récemment rencontré quelqu'un qui m'apporte beaucoup mais je ne suis pas capable de passer par dessus son "look" et je ne sais plus quoi faire. Comment réagir?

Vous étiez occupée à dire que le "look" n'avait pas d'importance parce que vous vouliez vous en convaincre. Vous savez maintenant que vous n'étiez pas vraie avec vous-même. S'il est vrai que l'apparence a de l'importance pour vous, admettez-le simplement. Reconnaissez que vous avez une partie de vous qui accorde de l'importance aux apparences. Vous y croyez et c'est important pour vous.

Ce n'est pas par hasard que vous avez rencontré quelqu'un qui n'a pas le "look" que vous aimez. Cela vous fait réagir et vient chercher la partie de vous qui trouve que l'apparence est importante. Donnez-vous le droit de trouver que le "look" est important et, une fois que cela sera fait, allez l'exprimer à votre conjoint. Dites-lui que vous vous rendez compte que l'apparence a plus d'importance que vous ne le pensiez. Demandez-lui comment il vit cela. S'il vous est impossible d'accepter son "look", vous avez deux choix: ou bien il vous aide en améliorant tranquillement son apparence, ou bien vous acceptez son "look" présent et vous continuez à soigner le vôtre à votre goût, tout en vous donnant le droit, vous aussi, de vous négliger parfois.

Acceptez que pour d'autres personnes, ce n'est pas aussi important que pour vous. Si vous trouvez cela trop difficile d'être accompagnée par quelqu'un qui n'a pas l'apparence que vous souhaiteriez, vous n'êtes pas obligée de vous placer dans une telle situation. Sachez toutefois que vous aurez à régler cela tôt ou tard. En attendant, pratiquez-vous sur vous-même et travaillez sur votre degré de tolérance. Soyez moins exigeante envers vous-même, arrêtez de croire que tout le monde pense comme vous et que les gens vont vous juger selon votre apparence.

Lorsque nous nous disputons mon mari et moi, il a l'habitude de sortir. Il prend la porte dès que cela ne va pas bien. Il va voir ses amis ou jouer au billard et je me retrouve seule avec mes émotions. Je me sens obligée de rester à la maison parce que je ne veux pas laisser les enfants seuls. C'est toujours lui qui réussit à partir. Je me sens emprisonnée. Que puis-je faire dans cette situation?

Voulez-vous vraiment quitter la maison vous aussi ou lui reprochez-vous plutôt de le faire? Si vous voulez quitter la maison, rien ne vous empêche d'appeler une gardienne pour s'occuper des enfants pendant que vous sortez vous aussi. Réalisez alors que vous faites la même chose que votre mari. Dans un couple, les conjoints sont semblables même s'ils agissent différemment. Une partie de vous voudrait imiter son comportement mais vous ne vous en donnez pas le droit. Vous êtes pareille à lui à la différence que vous vivez votre fuite au niveau des désirs, alors que votre mari passe à l'action. Vous voulez tous les deux fuir la situation.

Vous allez devoir apprendre à être en contact avec ce que vous vivez intérieurement. Qu'avez-vous fait à date? L'accusez-vous le lendemain de vous faire vivre des émotions? Ou refoulez-vous vos émotions en choisissant de ne pas en parler de peur de provoquer une autre fuite? Ces deux choix n'apportent aucun résultat bénéfique. Votre mari semble très impulsif. Il fuit peut-être la situation mais rien ne vous empêche de lui en parler le lendemain.

Si vous voulez que la situation s'améliore, il est grand temps que vous appreniez à communiquer. Vous pourriez lui dire: *"J'ai besoin de te parler de ce qui se passe. Est-ce que nous voulons vraiment continuer comme cela tous les deux? Est-ce que l'idée de continuer ainsi pendant encore plusieurs années te plaît ou bien est-ce que nous pourrions faire quelque chose pour améliorer notre relation? Qu'est-ce que cela te fait quand nous nous disputons? Ne pourrions-nous pas agir différemment? Présentement, je trouve que notre façon de faire n'est pas la bonne parce que ni toi ni moi ne sommes heureux."* Vous pouvez également aller chercher de l'aide extérieure, consulter quelqu'un qui pourrait vous conseiller.

Je suis présentement aux études à l'extérieur de ma ville natale et mon conjoint n'est pas avec moi. Je crois que je suis présentement en train de tomber en amour avec un des étudiants qui est très attentionné envers moi. Est-ce le hasard ou pourquoi cela m'arrive-t-il?

Ce qui vous arrive est une situation courante qui arrive à beaucoup de gens vivant loin de chez eux, loin de leur conjoint. De plus, il est fort probable que ce que vous croyez être de l'amour envers cet étudiant n'en soit pas véritablement. Vous vivez une attirance. Il peut s'agir d'une attirance physique ou vous pouvez être attirée pas un trait de sa personnalité qui vous plaît particulièrement. Pour employer vos termes, vous croyez être en train de "tomber en amour". Tomber en amour et être en amour sont deux choses totalement différentes.

Il est important que les choses soient claires. Avez-vous parlé avec ce nouvel étudiant? Peut-être vous fait-il la cour sans être en amour avec vous. Qui vous dit qu'il a l'intention de s'engager dans une relation? Il se peut qu'il recherche une simple aventure. Demandez-lui comment il se sent face à vous. Dites-lui aussi que vous croyez être en train de tomber en amour avec lui. Réalisez que penser ou croire être en amour n'est pas synonyme d'être en amour.

Il est aussi important que vous donniez l'heure juste à votre conjoint. Parlez-lui de ce que vous vivez. Dites-lui simplement qu'un des étudiants est très attentionné envers vous et que vous êtes attirée par lui. Vous ne gagneriez rien à lui cacher ce qui vous arrive. Dans ce genre de situation, j'ai très souvent constaté que le seul fait de donner l'heure juste enlève le côté passion de l'attirance et aide beaucoup à clarifier les choses intérieurement.

J'ai souvent peur de me tromper quand je prends des décisions. J'ai aussi peur de déplaire à mon conjoint. Je me retiens de faire bien des choses par peur de le laisser seul. Qu'en pensez-vous?

Ce qui ressort de votre question, c'est que vous êtes tout à fait dépendante de votre conjoint. Votre bonheur dépend du sien et vous êtes envahie par vos peurs. Le fait que vous ayez si peu confiance en vous indique que vous n'acceptez certainement pas la femme en vous. Avez-vous demandé à votre conjoint si vos décisions lui déplaisent autant que vous le pensez? Vous a-t-il confirmé qu'il ne veut pas être seul ou cela vient-il de votre imagination?

Votre conjoint est vraisemblablement tout aussi dépendant que vous. Il serait bon que vous fassiez le point ensemble. Voulez-vous vivre cela pour le restant de vos jours? D'après votre question, je sens que vous n'êtes pas bien dans cette situation. Dans la vie, l'important est de se demander: *"Suis-je bien là-dedans?"* Si la réponse est "oui", rien ne vous empêche de continuer ainsi; vous aimez dépendre l'un de l'autre et vous acceptez cette réalité. Par contre, si vos dépendances vous rendent tous les deux malheureux, regardez comment vous pourriez vous aider mutuellement à vous transformer.

Pouvez-vous élaborer sur la façon d'exprimer à ma conjointe cette peur du rejet que je ressens? Comment lui faire comprendre cette émotion et comment réagir quand je ressens cette peur?

Il est impossible de faire comprendre une émotion à quelqu'un d'autre. Vous ne pouvez que partager cette émotion à l'autre. Vous ne pouvez pas prévoir sa réaction. Cela dépendra de ses perceptions et de son ouverture du moment.

La meilleure façon d'exprimer votre émotion est de simplement dire à l'autre ce que vous vivez. La prochaine fois que vous vous sentirez rejeté, prenez quelques instants pour lui dire: *"Je veux juste te mentionner ce qui se passe en moi présentement suite à ce que tu viens de me dire ou de faire. Une petite voix s'est déclenchée dans ma tête et elle me dit toutes sortes de choses: par exemple, que tu es en train de me rejeter. Je veux simplement t'en parler pour vérifier si c'est véritablement le cas ou si c'est juste mon imagination. Je perds le contrôle sur mon imagination et je me crée des peurs épouvantables. En sachant ce qui se passe à l'intérieur de moi, peut-être qu'il te sera plus facile de comprendre mon comportement."*

Avouer nos peurs, les observer, les constater et en parler peut nous aider énormément. Une peur cache toujours une perte de contrôle de l'imagination. Votre peur du rejet est en train de vous dire que vous vous rejetez vous-même. Vous vous rejetez tellement que vous avez de la difficulté à croire que vous pouvez être aimable, être aimé des autres.

Vu que l'être humain a donné beaucoup de pouvoir à son mental et que celui-ci est devenu habitué de diriger, il utilise toutes sortes de moyens pour que vous l'écoutiez. Il vous dit: *"Tu vois à quel point elle te rejette; regarde, elle ne t'aime pas. Tu as bien raison de croire que personne ne t'aime!"* C'est à vous de décider jusqu'où vous irez dans le rejet de vous-même et jusqu'à quand vous allez continuer à écouter cette partie de vous (créée par votre mental) qui ne vous aide pas à vous aimer. Il est grand temps de reprendre contact avec votre coeur qui vous aime tel que vous êtes! C'est votre coeur qui doit diriger vos pensées et vos sentiments et non votre mental.

Mon conjoint fait de mauvaises affaires financièrement et j'en subis automatiquement les conséquences. Je vis beaucoup d'angoisse, d'inquiétude, de peurs. Comment réagir?

Si votre conjoint a une façon de gérer les finances qui est tout à fait différente de la vôtre, il est important que vous fassiez un accord en ce qui concerne la gestion de votre argent. Vous pourriez avoir votre propre argent que vous pourriez gérer à votre guise et il ferait la même chose de son côté. Quand on apprend à laisser l'autre personne "être" ce qu'elle veut être, il devient important d'avoir une certaine indépendance financière. Ce qu'il fait avec son argent le regarde et il apprend à travers ses expériences. Vous devez apprendre à lui laisser cet espace. Par contre, assurez-vous d'avoir une certaine sécurité financière pour vous-même en attendant d'avoir développé une plus grande sécurité intérieure. Vous n'apaiserez pas vos inquiétudes en continuant à vouloir le changer parce que cela n'arrivera pas. Réglez votre propre situation et celle de votre mari sera plus facile à vivre.

J'aimerais être capable de me joindre au plaisir que mon mari éprouve lorsque nous faisons l'amour. Je pourrais facilement me passer de sexualité. Je l'aime beaucoup. Que faire dans cette situation? Dois-je m'ouvrir à lui?

Il est effectivement important de vous ouvrir à lui. Si votre mari ne sait pas encore ce que vous vivez au niveau sexuel, il est temps de lui en parler. Très souvent dans un couple, quand les conjoints ont des besoins sexuels différents, la personne qui en a le moins besoin a de la difficulté à accepter son principe du sexe opposé. Vous avez sûrement de la difficulté à accepter votre principe masculin parce que vous avez peur de vous faire avoir par les hommes. Vous êtes certainement du genre qui aime contrôler les hommes. Lorsqu'une femme a peur de se faire avoir par un homme, elle a de la difficulté à se laisser aller sexuellement. Vous auriez grand intérêt à faire des efforts sur ce point. En lâchant prise au niveau sexuel avec votre mari que vous aimez beaucoup, vous apprendrez à aimer l'homme en vous et à vous laisser aller à lui.

Est-ce que je dois accepter l'indépendance de mon mari même si je voudrais toujours être à ses côtés?

Votre mari peut vous sembler indépendant à première vue mais ne vous y trompez pas. Vous dépendez de sa présence et il dépend certainement d'autre chose. Vous n'êtes pas ensemble par hasard. Peut-être est-il du genre qui ne veut pas du tout reconnaître sa dépendance? Il y a de fortes chances qu'il soit dépendant de votre dépendance. Il aime probablement sentir que vous avez grand besoin de lui. S'il ne se permet pas de le montrer ouvertement, c'est parce qu'il n'accepte pas cet aspect de lui et se force plutôt à avoir l'air indépendant. En réalité, il est tout aussi dépendant que vous l'êtes. Ce qui se passe dans votre couple, c'est que vous vivez la même dépendance mais un l'exprime ouvertement et l'autre la refoule. Parlez-lui et observez-le de plus près. Si vous adoptez une attitude indépendante, comment réagit-il? Cela le dérange-t-il? Faites-le parler et voyez s'il en est conscient.

Est-ce qu'on a une âme jumelle ou une âme soeur quelque part?

Il y a beaucoup de théories sur l'âme soeur et l'âme jumelle. Je crois personnellement que nous avons tous plusieurs âmes soeurs que nous rencontrons dans une même vie. Nous faisons partie d'une grande famille d'âmes et nous revenons sans cesse sur la Terre parmi les âmes de cette même famille. Cela explique que nous avons parfois l'impression de connaître certaines personnes depuis toujours alors que nous venons tout juste de les rencontrer. Nous nous sentons aussi à l'aise avec ces personnes que si nous les avions toujours connues. Ce sont des âmes avec qui nous avons déjà vécu plusieurs vies. Certaines personnes croient qu'elles n'ont qu'une âme soeur et passent leur vie à la chercher. Elles idéalisent leur âme soeur et s'empêchent de vivre des relations heureuses alors qu'il y a des milliers de personnes avec qui nous sommes compatibles.

En ce qui concerne l'âme jumelle, certaines théories prétendent que nous en avons tous une mais qui nous dit que c'est vrai? Est-ce que le fait de savoir s'il en existe une ou pas vous aide dans votre vie de tous les jours? L'important est d'apprendre à vous connaître à travers les gens que vous rencontrez, de rechercher le bonheur et de vivre votre moment présent.

Dans la Bible, il est conseillé de ne pas quitter son mari ou son épouse. Pourquoi?

Beaucoup de passages dans la Bible sont symboliques. Lorsqu'on y parle de l'homme et de la femme, c'est en référence aux principes masculin et féminin en soi. Nous devons atteindre l'harmonie entre l'homme et la femme en nous. C'est ainsi que je le perçois. La Bible étant un livre d'enseignements spirituels, les conseils et recommandations donnés sont relatifs au niveau spirituel et non au niveau matériel de l'existence sur la Terre.

Une femme peut-elle aimer deux hommes à la fois?

Il est très difficile de vivre une relation intime harmonieuse avec un homme quand il y en a un autre dans votre vie. Jusqu'à maintenant, je n'ai rencontré personne qui ait vécu une belle relation intime et complète avec deux hommes à la fois. Pour être bien et vivre le bonheur, nous devons être vrais.

Une femme vivant une relation avec deux hommes se met dans une situation où elle devra alors partager à l'un comme à l'autre ce qu'elle vit dans sa relation à trois. Je ne vois pas comment certaines circonstances frustrantes et émotionnellement chargées pourraient être évitées. Elle peut se convaincre qu'elle accepte les deux mais il ne peut pas vraiment y avoir de relation amoureuse remplie d'harmonie. Une relation intime est faite pour nous aider à regarder la relation entre notre homme intérieur et notre femme intérieure afin d'arriver à l'harmonie intérieure.

Une femme peut aimer certains aspects chez un homme et en retrouver d'autres chez un autre. Habituellement, si nous avons besoin de deux ou trois personnes pour arriver à satisfaire ce que nous recherchons dans un partenaire, c'est souvent signe que nous nous sommes créé un idéal de partenaire qui n'est pas assez réaliste. Si c'est le cas, je vous suggère de vous poser la question suivante: *"Suis-je moi-même une partenaire idéale?"*

J'ai un mari qui passe toujours des remarques désobligeantes sur mon habillement, sur ma coiffure, etc. Cela nous conduit souvent à des engueulades ce qui me dérange beaucoup. Que puis-je faire?

Votre mari a trouvé votre point sensible et semble vouloir vous déranger consciemment. La première chose à faire est de regarder si son comportement ne refléterait pas un aspect de vous. Vous arrive-t-il de vouloir le déranger, d'essayer de le diriger à votre façon? Vous ne lui reprochez peut-être pas son apparence physique mais lui faites-vous des remarques sur sa façon de penser, sa façon d'agir, sa façon de gérer l'argent, de se nourrir ou autre chose? Dans quel domaine essayez-vous de le diriger? Demandez-le lui, il est bien placé pour vous renseigner.

La seconde chose à faire est d'accepter l'idée qu'il ne partage peut-être pas vos goûts vestimentaires et votre sens de l'esthétique. C'est son droit. Quand on vit avec quelqu'un, on essaie en général de lui plaire. S'il vous est impossible de satisfaire son sens de l'esthétique, parlez-en avec lui. Partagez-lui que vous aimez la façon dont vous vous habillez et que vous ne voulez pas la changer pour l'instant. Dites-lui que vous appréciez qu'il vous donne son opinion mais qu'il perd son énergie à vouloir vous changer.

Prenez le temps aussi de regarder du côté de l'estime de vous-même. Êtes-vous portée à vous déprécier pour la moindre petite chose? Si oui, comment pouvez-vous vous attendre que votre mari agisse différemment quand vous le faites déjà vous-même? Serait-il possible que vous ayez trouvé ce moyen pour vous assurer d'obtenir un peu d'attention de lui? Si tel est le cas, et si votre désir d'éviter vos engueulades est vraiment sincère, vous auriez sûrement avantage à utiliser un autre moyen. Par contre, ne sautez pas la première étape mentionnée au tout début.

Parce que mon mari a perdu son emploi, nous sommes forcés de nous endetter. Pourquoi dois-je en subir les conséquences? Est-ce moi qui devrais changer?

Vous avez sûrement une leçon à tirer de cette expérience. Peut-être avez-vous besoin d'accepter de vous endetter sans croire que c'est un déshonneur. L'endettement ne fait pas de vous deux de mauvaises personnes. Lorsque quelqu'un vous fait crédit, dites-vous bien que c'est parce que vous le valez. L'univers vous envoie de l'argent et vous méritez qu'il vous soit prêté. Vous avez également besoin de retrouver la foi et de croire que vous vous en sortirez ensemble.

Dans une vie de couple harmonieuse, quand l'un vit des choses difficiles, les deux se retroussent les manches et s'aident mutuellement. En ce qui vous concerne, regardez du côté de l'endettement. Vous avez de la difficulté à accepter cette situation. C'est probablement la leçon que vous avez à tirer de la situation. Vous devez travailler sur votre façon de réagir à l'endettement.

Que faire avec un mari qui se drogue? Il dit toujours qu'il va arrêter mais c'est toujours à recommencer. Je ne sais plus où j'en suis, ni ce que je devrais faire.

Personne au monde ne vous oblige à tolérer une situation qui est au-delà de vos forces. La première des choses à faire est de regarder si vous avez atteint votre limite par rapport à votre seuil de tolérance. Il est important de respecter vos limites personnelles. Ensuite, faites une petite introspection. Vous avez été attirée par une personne qui se drogue, donc très dépendante. Utilisez la situation de votre mari pour apprendre à vous regarder à travers lui et pour vous connaître davantage. De quoi êtes-vous dépendante? À deux, vous pourriez vous aider mutuellement à dépasser vos dépendances.

Par contre, si le contrat vous semble trop lourd et vous rend la vie difficile, rien ne vous empêche de vous éloigner de la situation. Réalisez toutefois que vous avez beaucoup de difficulté à accepter la partie de vous qui est dépendante. Voilà pourquoi il vous est difficile d'accepter la dépendance de votre mari. Vous aurez à le faire tôt ou tard.

D'un autre côté, vous avez peut-être besoin d'admettre que vous ne pouvez pas l'aider ou le sauver. En vous retirant de cette relation, vous serez confrontée à la partie de vous qui, pour se sentir utile, a besoin de jeter son dévolu sur quelqu'un qui démontre de sérieux problèmes. C'est le syndrome du sauveteur avec sa victime. De plus, vous voulez qu'il règle son problème, donc qu'il change son comportement pour vous éviter d'avoir à prendre la décision de partir. Vous avez la preuve que, malgré ses bonnes intentions, ses faits et gestes ne correspondent pas à ses promesses.

Qu'avez-vous à gagner en restant dans cette situation? Qu'avez-vous à perdre en vous en allant? Quels avantages y aurait-il pour vous à souffrir encore pendant un certain temps avant de vous décider? Souffrir maintenant ou souffrir plus tard, quelle différence y a-t-il? Avez-vous plus de tolérance pour le malheur que pour le bonheur?

Une personne qui n'a pas encore réalisé qu'elle a droit au bonheur et qu'elle le mérite éprouve de la difficulté à dire oui à ce qui la rendrait heureuse. Elle ne réalise pas qu'elle se contente des miettes qui passent. Elle ne réalise pas qu'elle peut dire non à ce qui ne la rend pas heureuse et qu'elle a droit à du mieux. Elle ne croit pas mériter mieux.

Une fois que vous aurez réalisé cet état de fait, vous pourrez amorcer un travail en profondeur. Vous avez besoin de bâtir une nouvelle croyance: celle que le bonheur est accessible et que vous y avez droit. Pouvez-vous commencer à y croire? Dorénavant, décidez de faire des choix qui vont dans le sens du bien-être intérieur désiré. C'est ce que j'appelle gérer son bonheur.

Mon mari est beaucoup plus généreux envers sa fille (notre fille a seize ans) qu'avec moi. Je dois avouer que je suis jalouse. Je ne trouve pas cela normal qu'il agisse ainsi. Qu'en pensez-vous?

La jalousie que vous éprouvez envers votre fille démontre votre degré de possessivité. Il est grand temps que vous acceptiez que vous ne pouvez posséder personne sur cette planète. Votre

DIEU intérieur vous fait vivre une circonstance merveilleuse pour apprendre le détachement. L'utiliserez-vous? Premièrement, donnez-vous le droit d'être possessive et jalouse en voyant les peurs cachées derrière ces sentiments. Ensuite parlez-en avec votre conjoint et votre fille en leur disant bien que c'est votre problème à vous et que vous voulez un jour arriver à être heureuse de leur attachement réciproque. Apprenez à considérer votre fille comme la vôtre et non seulement comme la fille de votre mari. Devenez son amie. Demandez-lui s'il lui arrive aussi d'être jalouse de vous. Vous serez peut-être très surprise d'entendre ce qu'elle vous dira. Vous pourriez vous aider mutuellement à devenir moins possessives.

Que veut dire l'expression "être dépendant de la dépendance de l'autre"? J'ai nettement l'impression que c'est ma conjointe qui est dépendante de moi. Je voudrais tant qu'elle dépende moins de moi.

Une personne dépendante de la dépendance de l'autre est celle qui fait beaucoup de pirouettes pour être aimée, qui se sent facilement coupable car elle se croît responsable du bonheur de l'autre. Cette personne a l'attitude suivante: *"Je te donne ce dont tu as besoin pour que tu sois aussi dépendante de moi que je le suis de toi et pour que tu continues ainsi à me donner ce dont j'ai besoin."* Une fois conscients de cette dépendance, les conjoints peuvent décider s'ils sont bien dans cette dépendance ou non et ensuite faire les actions en fonction de leur décision.

Mon mari oublie presque toujours les dates d'anniversaires. J'aimerais tellement avoir des surprises de temps à autre. Pourtant moi je n'oublie jamais sa fête. Pouvez-vous me suggérer un moyen pour l'aider à ne pas oublier?

Voilà une bonne occasion d'apprendre à accepter une différence entre vous deux et à développer un meilleur amour intime. Cela ne semble pas important pour votre mari de se souvenir des dates d'anniversaires. Lui avez-vous déjà partagé votre désir sans le blâmer? Essayez-le. Vous verrez que les résultats seront différents. Acceptez qu'il n'est pas dans sa nature de se souvenir d'un anniversaire et allez chercher votre besoin vous-même. Rappelez-lui la date à quelques reprises avant un anniversaire et donnez-lui des suggestions en lui laissant la liberté de prendre la décision finale.

Vous pouvez même aller plus loin et préparer quelque chose de dernière minute au cas où il oublierait malgré vos rappels. De grâce, n'essayez pas de le changer ni de le forcer à devenir comme vous. Jusqu'à présent, cette attitude ne vous a pas apporté le résultat désiré. Essayez plutôt de nouvelles approches qui ont plus de chances de plaire aux deux.

Est-ce que vouloir partir pour une semaine avec mes amis pour un voyage de chasse est de l'égoïsme? C'est ce que ma femme me dit. Elle vit des émotions à chaque année quand vient le temps de la chasse. Que faire?

La marge est très mince entre être égoïste, prendre sa place et respecter son propre espace. On peut qualifier une personne d'égoïste quand elle recherche uniquement son plaisir personnel et qu'elle empiète dans l'espace de quelqu'un d'autre pour y parvenir.

Dans votre cas, supposons que vous planifiez une semaine de chasse et que vous exigiez la présence de votre conjointe tout en sachant qu'elle n'aime pas ce genre de voyage, ce serait de l'égoïsme. Si votre absence obligeait votre épouse à vous remplacer dans certaines tâches qu'elle ne veut pas faire, ce serait aussi de l'égoïsme. Cependant, si le fait de partir une semaine ne change rien à sa vie et qu'elle n'aime pas que vous partiez simplement parce qu'elle a besoin de votre présence ou parce qu'elle vous envie de partir seul, c'est de l'égoïsme de sa part à elle.

J'ai une question à vous poser. Laisseriez-vous votre épouse partir seule avec des amies pendant une semaine? Si votre réponse est oui, il y a plus de chance que ce ne soit pas de l'égoïsme de votre part. L'amour véritable dans une relation intime se manifeste en voulant le bonheur de l'autre et non être l'objet de ce bonheur. Cette dernière attitude ne fait que développer des dépendances. Une relation de couple basée sur la dépendance est fondée sur la peur. Comme la peur est l'ennemie de l'amour, cela ne peut que nuire à une bonne relation intime.

Mon mari est le pourvoyeur chez nous. Il gagne un bon salaire. Cependant il s'attend à ce qu'en échange, je sois toujours là pour ses repas, son linge et recevoir ses invités quand il le désire. La maison doit aussi toujours être impeccable quand il arrive. Je me sens comme une servante. Est-ce cela une vie de couple?

Y avait-il eu entre vous deux un engagement à cet effet? Si oui, reconnaissez le fait que cette entente ne vous satisfait plus et prenez le temps pour en négocier une nouvelle. Si non, je vois que votre relation est basée sur des attentes. Non, ce n'est pas cela une vraie relation intime. Dans une saine relation, les conjoints veulent le bonheur de l'autre. Il semble y avoir un grand manque de communication entre vous deux.

Vous vivez le même genre de vie de couple que nos parents vivaient il y a cinquante ans. Il n'y a pas eu d'évolution et pour évoluer, nous devons expérimenter du nouveau. Vous vous prenez pour acquis, comme bien des couples d'ailleurs. Il est grand temps que vous laissiez connaître vos désirs et vos besoins à votre mari. Prenez chacun le temps de faire une liste de ce que serait une relation idéale entre vous deux. Le tout doit être fait dans l'acceptation et le respect de vos différences de goûts. Ensuite, pour en arriver à un juste milieu, voyez ensemble comment vous pourriez vous aider à satisfaire au moins une partie de vos désirs.

Je ne comprends pas votre théorie. Vous dites qu'on récolte ce qu'on sème. Comment se fait-il que mon épouse ne m'écoute presque jamais quand moi je l'écoute toujours lorsqu'elle me parle de ses affaires ou de ses problèmes?

L'écoutez-vous vraiment ou écoutez-vous la petite voix dans votre tête pendant qu'elle parle? La critiquez-vous intérieurement pendant qu'elle vous parle? Êtes-vous en train de préparer ce que vous allez lui répondre pendant qu'elle parle? Sentez-vous véritablement ce qu'elle vit pendant qu'elle vous parle ou êtes-vous plus centré sur vous-même? Très peu de gens savent écouter véritablement. C'est ce qui explique que vous récoltez effectivement ce que vous semez. La seule différence, c'est que votre épouse le fait ouvertement tandis que vous le faites intérieurement.

Après dix-sept ans de mariage, mon mari vient de m'avouer qu'il ne m'a jamais aimée. Ce n'était que de l'affection. Comment puis-je continuer à vivre ainsi?

Quel courage cela a dû lui prendre pour vous faire un tel aveu après dix-sept ans! J'espère que vous l'admirez beaucoup pour ce geste. Vous ne pourrez continuer avec lui qu'à la condition de décider d'aimer cet homme de tout votre être plutôt que de vous attendre à être aimée comme vous le voulez. Vous aurez tous les deux à en venir à une entente. Que vous poursuiviez votre union ou non, rien ne vous empêche de continuer à apprendre à aimer ensemble.

L'important dans la vie, c'est d'apprendre à aimer. Les moyens utilisés sont secondaires. Que ce soit à travers un ou plusieurs mariages, une ou plusieurs séparations, ce qui compte c'est que chaque événement vous aide à aimer davantage. Ainsi, vous ne gaspillez pas votre vie. Au contraire, vous faites exactement ce que votre âme désire. D'ailleurs, c'est la raison pour laquelle elle est revenue avec votre corps comme véhicule: développer de plus en plus d'amour pour l'humanité avec tout ce qu'elle englobe.

Peut-il y avoir une vraie relation intime sans passion?

Oui, c'est la plus solide. Comme la passion est basée sur la dépendance, l'être passionné n'est heureux qu'en présence de l'être aimé. C'est souvent la raison pour laquelle deux personnes passionnées ne s'engagent pas véritablement car plus une relation est difficile, plus il y a d'obstacles et plus la passion est forte. Lorsque cela devient plus facile, la passion s'atténue. Ceux qui croient que la passion est le vrai amour se désintéressent alors de l'être aimé en croyant qu'il n'y a plus d'amour. La passion est une illusion d'amour. Quand elle s'en va, c'est le moment de découvrir s'il y a véritablement de l'amour. C'est le moment idéal pour décider de vouloir aimer l'autre et d'arrêter de seulement vouloir être aimé. Quand je dis "aimer" ce n'est pas aimer ce que l'autre me rapporte mais aimer pour le plaisir de donner à l'autre.

Peu de couples semblent s'aimer véritablement après plusieurs années de vie conjugal. Pourquoi est-ce si difficile d'avoir une bonne relation intime durable?

La cause principale de la difficulté à aimer véritablement est l'emprise qu'exerce l'intellect sur l'être humain. L'intellect est notre capacité de mémoriser. Nous avons appris très jeunes, à travers toutes sortes d'expériences, à aimer d'une façon possessive et remplie d'attentes. Nous l'avons vécu, nous l'avons observé chez nos parents et les autres adultes. Comme la plupart d'entre nous laissons notre mental diriger notre vie, nous croyons encore au genre d'amour appris durant notre jeune âge.

Quand l'humain décidera de laisser son intelligence, son intuition, son coeur et son **DIEU** intérieur diriger sa vie, il y aura une énorme transformation pour le mieux sur cette planète. C'est ce que je souhaite à tous.

CONCLUSION

Vous avez sûrement constaté que la notion du miroir est souvent revenue dans mes réponses. Je suis profondément convaincue du bien-fondé de cette théorie et je ne cesse de voir les résultats extraordinaires qu'elle apporte à qui veut bien s'en servir.

Afin de mieux accepter cette théorie, nous devons en premier lieu accepter que nous sommes formés de centaines de personnalités différentes. Ces dernières ont été créées par la dimension mentale de l'être humain. Chaque croyance que nous avons achetée depuis notre très jeune âge a contribué à créer ces personnalités. Nous devons donc en assumer l'entière responsabilité. Plutôt que de nous identifier à elles, nous devons arriver à "être nous-mêmes", reprendre contact avec notre essence véritable: **DIEU**.

C'est la raison pour laquelle nous revenons sans cesse sur cette planète. Le meilleur moyen d'"être", c'est de vivre notre moment présent dans l'amour, c'est-à-dire d'accepter tout ce que nous vivons, tout ce que nous sommes dans l'instant présent. Voilà pourquoi il est si urgent de devenir conscients et d'accepter ces différentes personnalités que nous avons créées. Nous devons leur donner le droit d'être là pour le moment et quand elles ne nous seront plus utiles, elles disparaîtront graduellement.

La notion de vie de couple et de famille a été créée sur la Terre dans le but d'aider la race humaine à aimer. Malheureusement, cette dernière a pris la route opposée. Les humains ont développé de plus en plus d'égoïsme, cherchant à "être aimés" plutôt qu'à aimer. Nous aurions intérêt à observer la nature et les animaux qui, eux, suivent naturellement les lois de l'amour.

Pour terminer ce livret, je réponds à une question qui ne m'a jamais été posée dans une conférence et qui est pourtant la plus importante de toutes:

Comment définir une vraie relation intime?

Voici d'abord une des définitions de l'intimité: "Caractère de ce qui est contenu au plus profond d'un être. Donner le pouvoir à l'autre de nous connaître pleinement et d'être une source de changement pour nous".

Voici des moyens suggérés pour arriver à cette intimité:

- Acceptez-vous et acceptez l'autre en vous donnant et en donnant à l'autre le droit d'être ce qu'il est, tout en sachant que tout est temporaire. J'aime bien l'image suivante: chaque acte d'acceptation est comme jeter une pelletée de terre sur le sol. Chaque acte de possession est le contraire: c'est enlever une pelletée de terre. Ceux qui en enlèvent plus qu'ils en ajoutent se retrouvent dans un grand trou profond. Il y fait noir et c'est froid. Il est bien plus sage de créer une montagne avec nos pelletées de terre. Ainsi nous nous rapprochons du soleil, de sa lumière et de sa chaleur.

- Souvenez-vous qu'à chaque fois que vous voulez diriger ou contrôler, vous allez à l'encontre de la loi de l'amour et de l'acceptation. Plus vous voulez que quelque chose ou qu'une personne change, moins elle change. Plus vous laissez libre et vous lâchez prise de votre contrôle, plus vous faites place à la transformation. C'est un paradoxe difficile à accepter mais vous pouvez facilement le vérifier si vous observez bien.

- Apprenez à exprimer vos désirs ou à donner un conseil sans attentes. Si vous voulez que le résultat soit à votre goût, vous ne faites que du contrôle.

- Apprenez à vous engager avec votre coeur, en prenant la décision d'utiliser votre conjoint pour apprendre à aimer davantage. Aimer veut dire "je veux ton bonheur" et non "je t'aime pour ce que tu m'apportes."

- Soyez conscient du fait que ce sont vos croyances qui provoquent les attitudes de votre conjoint. Adoptez de nouvelles croyances et son attitude se transformera peu à peu. Voici un exemple: Supposons qu'un homme croit que sa femme ne peut rien décider par elle-même. Il se croit donc obligé de décider pour elle. S'il décide de croire qu'elle peut développer son pouvoir de décision et qu'il la félicite à chaque fois qu'elle prend une décision, l'attitude de cette femme se transformera, même si le tout se passe inconsciemment.

- Développez en vous-même les qualités que vous voulez que l'autre possède.
- Acceptez que c'est à travers vos différences que vous grandirez le plus. En utilisant la théorie du miroir, ces différences deviendront un atout plutôt qu'un sujet de discorde. Utilisez ce qui vous dérange et ce que vous admirez chez l'autre pour devenir conscient de ce que vous n'acceptez pas de vous-même. Ensuite donnez-vous le droit d'être ainsi tout en voyant ce qui vous motive.
- Établissez une relation de complicité avec votre conjoint. Rappelez-vous régulièrement que vous êtes ensemble pour grandir, pour améliorer votre qualité de vie. Sinon, il ne serait pas bien intelligent de vouloir vivre avec quelqu'un.
- Aimez l'autre et soyez-en tellement fier que vous êtes heureux que les autres l'admirent, tout comme vous appréciez qu'on admire les choses que vous aimez.
- Soyez intéressé par ce que l'autre ressent. Ainsi vous ne serez plus dirigé par votre mental mais par votre coeur. Vous développerez aussi votre capacité de ressentir ce qui ne peut qu'être profitable pour vous-même.

Ma définition préférée d'une relation idéale est la suivante: **"Une relation de couple dans laquelle chacun jouit d'une liberté totale mais ni l'un ni l'autre n'a le goût d'exploiter cet avantage au détriment de l'autre."**

Notes personnelle

Notes personnelle

Notes personnelle

Notes personnelle

Notes personnelle

Notes personnelle

Notes personnelle

Notes personnelle

Cours / Ateliers / Forfaits

Lise Bourbeau à débuté ÉCOUTE TON CORPS en 1982

Sa vaste expérience du comportement humain, ses recherches personnelles et ses études variées lui ont permis d'élaborer ses propres théories. Elle a établi la philosophie de son cours de base, "Écoute Ton Corps", sur le fait que l'être humain reçoit sans cesse des messages à travers son corps quand il ne sait pas s'aimer et aimer les autres d'un amour inconditionnel et sans attentes. Les malaises, les maladies, le manque d'énergie, les problèmes de poids, d'insomnie, de drogue, d'alcool, les accidents sont quelques-uns de ces messages. En transformant sa façon d'aimer, l'humain transforme sa vie physique, émotionnelle, mentale et spirituelle.

Fondé en 1982, le centre ÉCOUTE TON CORPS est devenu un des plus importants centre de croissance personnelle au Québec, grâce au dynamisme de sa fondatrice Lise Bourbeau.

Le centre a ses bureaux principaux à Montréal et à Bellefeuille (près de St-Jérôme). En plus du cours de base, une grande variété de cours ont lieu à chaque jour et les fins de semaine à ces deux endroits. Les sujets suivants y sont couverts: l'amour, les émotions, la confiance en soi, les peurs, la culpabilité, l'argent, la communication, le poids, la peur du rejet, la sexualité, la méditation, la spiritualité, le monde astral, etc.

En plus des cours, le centre de Bellefeuille vous invite à des semaines de repos, d'énergisation, de jeûne et de méditation. C'est un endroit magnifique dans la nature propice au calme et à la paix intérieure. Idéal pour se libérer de tout stress. Le centre de Bellefeuille offre une possibilité d'hébergement. Les places disponibles sont limitées, vous devez donc réserver à l'avance.

Pour transmettre son enseignement, Lise Bourbeau a formé elle-même ses animateurs et elle a créé d'autres cours pour vous aider à devenir de plus en plus conscient de ce que vous pouvez créer dans votre vie.

Le cours de base est offert dans plusieurs régions du Québec et de la France pour aider ceux qui aiment la philosophie de Lise Bourbeau. Ce cours aide à intégrer beaucoup plus vite cette approche et à l'appliquer dans la vie de tous les jours.

POUR PLUS D'INFORMATIONS OU OBTENIR NOTRE BROCHURE:

Montréal (514) 382-7361 ou 1-800-361-3834 Télécop.: (514) 382-7075
9675 Papineau, bur 380, Montréal, Canada, H2B 1Z5

Nous vous invitons à venir assister SANS FRAIS à un soir du cours de base d'une durée de 3 heures

Catalogue

Conférence de Lise Bourbeau sur cassette

- Cassettes, durée 90 min — 11.95$

(C-01) LA PEUR, L'ENNEMIE DE L'ABONDANCE
Découvrir toutes les peurs inconscientes qui empêchent l'abondance dans les biens, l'argent, le succès, l'amour etc...

(C-02) VICTIME OU GAGNANT
Prendre conscience de la partie victime en vous et de son influence nuisible dans certains domaines de votre vie. Comment la surmonter et devenir gagnant.

(C-03) COMMENT SE GUÉRIR SOI-MÊME
Les différentes façons de créer une maladie. Comment renverser le processus. Apprendre à prévenir une maladie.

(C-04) L'ORGUEIL EST-IL L'ENNEMI PREMIER DE TON ÉVOLUTION?
La description du comportement d'un orgueilleux, le prix à payer quand l'orgueil domine et quoi faire pour maîtriser l'orgueil.

(C-05) SEXUALITÉ, SENSUALITÉ ET AMOUR
Établir la différence entre la sexualité, la sensualité, la passion et l'amour véritable.

(C-06) COMMENT ÊTRE RESPONSABLE SANS SE SENTIR COUPABLE
Lise Bourbeau établit la différence entre être responsable, se sentir coupable et être vraiment coupable. Quelle est la véritable responsabilité de chacun?

(C-07) L'ÉNERGIE – COMMENT NE PAS PERDRE CONTACT.
Une explication simple et pratique des centres d'énergie (chakras) et comment bien calibrer l'énergie dans chaque partie du corps.

(C-08) LE GRAND AMOUR PEUT-IL DURER?
On traite de ce qui empêche l'amour intime véritable de durer et la signification du "don de soi". On y donne les divers moyens pour réussir à le vivre plus longtemps.

(C-09) COMMENT S'AIMER SANS AVOIR BESOIN DE SUCRE
Le grand scandale du sucre depuis 400 ans sur la terre. Les effets du sucre chez l'être humain. Devenir conscient de votre addiction au sucre pour compenser le manque d'amour ou de confiance en soi. Diabète et hypoglycémie.

(C-10) COMMENT ÉVOLUER À TRAVERS LES MALAISES ET LES MALADIES
Les différentes causes de maladies. La différence entre soigner médicalement et soigner métaphysiquement. La définition métaphysique de plusieurs malaises et maladies.

(C-11) LA PEUR DE LA MORT
D'où vient la peur de mourir? Qu'arrive-t-il véritablement à la mort? Transition à la dimension astrale.

(C-12) LA SPIRITUALITÉ ET LA SEXUALITÉ
Le développement de l'énergie sexuelle. La grande influence du complexe d'Oedipe sur notre vie sexuelle d'adulte. L'homosexualité, l'inceste.

(C-13) MA DOUCE MOITIÉ, LA T.V.
Quelle est l'influence de la télévision dans votre vie? Comment apprendre à vous connaître à travers les émissions que vous regardez?

(C-14) LA RÉINCARNATION VOLET I
Des réponses aux questions sur la réincarnation et le karma. Ce qui se passe à la mort. Le plan astral.

Commandez au (514) 382-7361 ou 1-800-361-3834

Catalogue

(C-15) LA RÉINCARNATION VOLET II
La réincarnation de la terre dans ses moments de gloire ou d'épreuve. Les grands êtres qui gèrent la terre dans l'invisible. Les prophéties futures de la terre. L'ère du verseau.

(C-16) LA SPIRITUALITÉ ET L'ARGENT
Les attitudes négatives qui bloquent l'arrivée de l'argent dans notre vie. L'argent est une énergie divine. Quinze moyens concrets pour être en contact avec cette énergie, l'argent.

(C-17) LA SPIRITUALITÉ DANS LA RELATION PARENT-ENFANT
Les désirs des parents pour leurs enfants sont-ils vraiment bénéfiques pour eux ? Comment avoir des relations harmonieuses entre parents et enfants?

(C-18) LES DONS PSYCHIQUES
Que veut dire être psychique? Est-ce avantageux ou non? Comment utiliser les dons psychiques. L'avantage de développer l'intuition. Pourquoi certains enfants sont-ils hyperactifs et font des cauchemars?

(C-19) ÊTRE VRAI... C'EST QUOI AU JUSTE?
Pourquoi est-ce si difficile d'être vrai? Comment y parvenir dans différents secteurs de notre vie: au travail, en société, en famille, avec le conjoint, avec soi-même...

(C-20) COMMENT SE DÉCIDER ET PASSER À L'ACTION
Qu'est-ce qui nous empêche de se décider ou de passer à l'action? Comment stimuler notre merveilleux pouvoir de créer.

(C-21) L'AMOUR DE SOI
L'amour de soi est basé sur un sentiment de fierté personnelle et légitime pourtant... Pourquoi est-ce si difficile de s'aimer? De se sentir aimé?

(C-22) LA PRIÈRE, EST-CE EFFICACE?
Devenir conscient de nos intentions quand nous prions et de notre façon de prier. La prière d'hier et celle de demain. Quelle différence y a-t-il entre une prière et une affirmation?

(C-23) LE CONTRÔLE, LA MAÎTRISE, LE POUVOIR.
Quelle est la différence entre ces trois termes. Que supposent-ils? Où et comment les utiliser et à quel prix.

(C-24) SE TRANSFORMER SANS DOULEUR
Être capable de prendre le risque de se transformer malgré les peurs et les douleurs. Expérimenter une nouvelle attitude face à l'amour, à sa responsabilité, à soi-même. Savoir se regarder, être vrai et s'exprimer.

(C-25) COMMENT S'ESTIMER SANS SE COMPARER
Lise Bourbeau nous aide à prendre conscience des ravages qu'un certain type de comparaison produit sur nous et comment cesser de l'utiliser.

(C-26) ÊTES-VOUS PRISONNIER DE VOS DÉPENDANCES?
D'où viennent les dépendances qui rendent les gens esclaves? Comment s'en libérer et devenir notre seul maître.

(C-27) LE POUVOIR DU PARDON
Comment utiliser le pardon pour briser les liens qui nous attachent à ceux envers qui on entretient des rancunes. Comment le pardon libère une énergie qui apporte soulagement et guérison sur le plan moral et physique pour ainsi créer une ouverture à l'abondance.

(C-28) COMMENT ÊTRE À L'ÉCOUTE DE SON COEUR
Nous verrons que le refus d'écouter son coeur pousse notre corps à nous envoyer des messages pour nous ramener sur le chemin de l'amour.

(C-29) ÊTRE GAGNANT EN UTILISANT SON SUBCONSCIENT
Lise Bourbeau explique la différence entre le conscient, l'inconscient et le subconscient. Comment parvenir à faire ressurgir les informations enfouies dans l'inconscient? Comment utiliser le subconscient à son meilleur et vous laisser guider par lui.

Téléphonez et obtenez un service de commande rapide

Catalogue

(C-30) COMMENT RÉUSSIR À ATTEINDRE UN BUT

Lise Bourbeau nous explique à travers l'aventure du livre "ÉCOUTE TON CORPS" comment elle est parvenue à son but ultime "enseigner à aimer" d'une façon très différente de ce qu'elle avait planifié.

(C-31) REJET, ABANDON, SOLITUDE

Pourquoi certaines personnes vivent constamment du rejet? D'où vient la peur d'être abondonné? La solitude: Le grand fléau des années 80. Quoi faire pour se défaire de ces peurs: être rejeté, être abandonné, être seul.

(C-32) BESOIN, DÉSIR OU CAPRICE?

Comment parvenir à déterminer ce qui nous rendrait vraiment heureux en identifiant nos vrais besoins. Apprendre à faire la différence entre les désirs et les caprices.

(C-33) LES CADEAUX DE LA VIE

Les cadeaux dans la vie ne sont pas toujours ce que nous croyons. Apprendre à voir dans chaque événement les avantages, les messages qu'ils nous apportent.

(C-34) JUGEMENT, CRITIQUE OU ACCUSATION?

Dans cette conférence,
Lise Bourbeau nous fait découvrir les bons aspects de la critique et comment l'utiliser pour nous connaître davantage.Comment s'exprimer sans juger ou accuser l'autre?

(C-35) RETROUVER SA CRÉATIVITÉ

Tout être humain est créatif, peu importe de quelle façon il l'exprime. Cette conférence nous fait découvrir que la créativité n'est pas exclusive aux artistes et qu'elle peut s'exprimer dans bien des domaines et de bien des façons.

(C-36) QUI GAGNE, VOUS OU VOS ÉMOTIONS?

Vous vivez sans cesse les mêmes émotions et vous aimeriez savoir pourquoi? Si vous voulez que cette ronde continuelle s'arrête, cette conférence vous en donne les moyens et vous aide à devenir conscient des façons que vous utilisez pour étouffer vos émotions.

(C-37) COMMENT AIDER LES AUTRES

Vous découvrirez différentes façons d'aider les autres. Quelle attitude avoir quand une personne a besoin de votre aide. Comment rester détaché pour demeurer efficace. Quoi faire quand vous vous sentez dépassé par les problèmes d'un autre.

(C-38) LE BURN-OUT ET LA DÉPRESSION

Lise Bourbeau décrit le profil psychologique des gens enclins au burn-out ou à la dépression. Quelle est la différence entre les deux? Quels malaises de l'âme se cachent derrière ces maladies? Les causes métaphysiques y sont également mises en relief, ainsi qu'un moyen efficace pour prévenir ou guérir ces malaises.

(C-39) LE PRINCIPE MASCULIN ET FÉMININ EN SOI

Dans cette conférence Lise Bourbeau nous fait voir comment la négation d'un de ces 2 principes influence notre tendance à vouloir dominer notre conjoint ou à lui être soumis. Grâce à une mini détente dirigée, elle nous fait découvrir lequel de ces 2 principes est le plus fort en nous. Vous verrez aussi comment il est possible de créer l'harmonie entre ceux-ci et par le fait même, améliorer toutes nos relations.

(C-40) LA PLANÈTE TERRE ET SES MESSAGES

Cette conférence souligne l'urgence de prendre conscience du parallèle entre les messages du corps et les messages de la Terre. Que signifient les raz-de-marée, les ouragans, les éruptions volcaniques et autres séismes.

(C-41) SANS VIANDE ET EN PARFAITE SANTÉ

Cette conférence a pour but de faire connaître les effets de la viande chez l'humain et comment s'habituer à un régime sans viande tout en écoutant les besoins du corps physique.

Commandez au (514) 382-7361 ou 1-800-361-3834

Catalogue

(C-42) DÉVELOPPER LA CONFIANCE EN SOI
Savoir faire la différence entre avoir confiance et faire confiance. Plusieurs moyens pratiques pour développer la confiance en soi, ce qui aide à développer la créativité et l'abondance dans sa vie.

(C-43) COMMENT LÂCHER PRISE
Savoir faire la différence entre le contrôle, le lâcher prise et la soumission. Les grands avantages du lâcher prise et plusieurs moyens pratiques pour y arriver.

(C-44) LES CROYANCES INCONSCIENTES QUI MÈNENT NOTRE VIE
D'où viennent les croyances? Savoir faire la différence entre celles qui sont bénéfiques pour soi ou non. Comment arriver à se défaire des croyances qui ne nous apportent pas le résultat désiré.

(C-45) LES PEURS QUI NOUS HABITENT
Le pourquoi des peurs - Comment voir le bon côté de vos peurs et les utiliser à votre avantage. Explication de l'agoraphobie (la peur d'avoir peur) Comment arriver à ne plus être manipulé par les peurs et à les dépasser.

(C-46) QUAND LE PERFECTIONNISME S'EN MÊLE
Comment rechercher la perfection et arrêter d'avoir peur de se tromper. Le lien entre le perfectionnisme, l'orgueil et la peur de dire la vérité. Quelle est la vraie perfection à atteindre.

(C-47) LE MONDE ASTRAL
Cette conférence explique ce qui se passe dans ce monde subtil, invisible pour la plupart des humains; Comment l'être humain est très manipulé par le monde astral sans en être conscient et quoi faire pour retrouver son propre pouvoir. Comment utiliser l'énergie astrale à son avantage.

(C-48) COMMENT VIVRE LE MOMENT PRÉSENT
Par des techniques pratiques, vous découvrirez ce que veut dire "vivre son moment présent" et comment y parvenir, tout en continuant de planifier le futur sans être prisonnier.

(C-49) ÊTES VOUS LIBRE, LIBÉRÉ OU MANIPULÉ?
Être libre est essentiel à son bonheur. Cette conférence permet de vérifier si vous dirigez vous-même votre vie, ou si vous êtes constamment manipulé. Comment peut-on arriver à cette liberté? En faisant la différence entre être libre, libéré ou manipulé.

(C-50) SAIS-TU QUI TU ES?
À travers cette conférence, par des moyens pratiques, vous apprendrez à mieux vous connaître, savoir qui vous êtes. Êtes-vous comme un de vos parents ou avez-vous développé une personnalité contraire? Saviez-vous que lorsque vous vivez des peurs, des émotions, des doutes...vous n'êtes plus vous-même?

(C-51) QUI EST TON MIROIR?
Utiliser tout ce qui vous entoure en se servant de la technique du miroir est le moyen le plus efficace et le plus rapide, selon Mme Bourbeau, pour apprendre à vous connaître et à vous aimer davantage. Sachez exploiter cette technique d'une façon constructive afin d'enrichir votre vie.

(C-52) SE CONNAÎTRE À TRAVERS SON ALIMENTATION
Apprenez à vous connaître davantage en sachant comment interpréter vos habitudes alimentaires. Pourquoi avez-vous tendance à manger plus salé, sucré, gras, épicé? Pourquoi avez-vous parfois envie d'aliments bien particuliers et pourquoi à certains moments mangez-vous plus qu'à l'habitude?

(C-53) LES PROPHÉTIES SONT-ELLES VRAIES?
Dans cette conférence, découvrez le but et comment interpréter les différentes prédictions faites depuis plusieurs siècles, comme par exemple la fin du monde prédit pour l'an 2000. Apprenez comment composer avec les prophéties sans en avoir peur, tout en restant réaliste face à ces dernières.

(C-54) COMMENT SE FAIRE PLAISIR
Découvrez l'importance de se faire plaisir plutôt que de seulement faire plaisir à ceux qui vous entourent! Apprenez à reconnaître ce qui vous fait

réellement plaisir et comment le faire. . . sans vous sentir coupable!

(C-55) LES MESSAGES DU POIDS *(disponible en janvier 93)*

(C-56) LES RAVAGES DE LA PEUR *(disponible en février 93)*

(C-57) QUOI FAIRE AVEC NOS ATTENTES *(disponible en mars 93)*

(C-58) LA MÉDITATION ET SES BIENFAITS *(disponible en avril 93)*

(C-59) COMMENT DÉVELOPPER LE SENTI *(disponible en mai 93)*

(C-60) BIEN MANGER TOUT EN SE FAISANT PLAISIR *(disponible en juin 93)*

(ED-01) CASSETTE DU LIVRE ÉCOUTE TON CORPS
Voici une adaptation audio du best-seller "Écoute ton corps — ton plus grand ami sur la terre". Pendant près de 2 heures, Lise Bourbeau vous partage la philosophie d'amour transmise dans son livre. Le texte est enrichi de dialogues joués par France Castel et Robert Maltais.

(F-01) COMMENT ÉVITER UNE SÉPARATION OU LA VIVRE DANS L'AMOUR. (PARTIE I)
Dans cette conférence Lise Bourbeau donne des moyens concrets pour éviter une séparation. Si elle devient inévitable, comment la vivre dans l'amour en limitant les répercussions sur soi ou l'entourage.

(F-02) COMMENT ÉVITER UNE SÉPARATION OU LA VIVRE DANS L'AMOUR. (PARTIE II)
Les questions et les réponses qui ont suivi la conférence de Lise Bourbeau. Le sujet y est précisé davantage et éclaire de nombreux points d'interrogation.

Catalogue

Cassettes de détentes dirigées

Cassettes de détentes dirigées et méditations:
- durée 60 minutes

(ETC-33) DÉTENTE DIRIGÉE "JE SUIS"
Face I: Une détente de base de trente minutes pour devenir conscient de vos désirs et besoins dans plusieurs domaines de votre vie.
Face II: Trente minutes de musique de détente.

(ETC-12) DÉTENTE DIRIGÉE "COMMUNICATION"
Face I: Une détente de trente minutes qui vous donne l'occasion de communiquer énergétiquement avec quelqu'un soit pour une demande soit pour un partage ou un pardon.
Face II: 30 minutes de musique de détente.

(ETC-13) DÉTENTE DIRIGÉE "PETIT ENFANT"
Face I: Une détente de trente minutes qui vous met en contact avec le petit enfant en vous et dans les autres. Cette détente aide à mieux accepter vos peurs et à ressentir de la compassion.
Face II: 30 minutes de musique de détente

(ETC-14) DÉTENTE DIRIGÉE "SITUATION À CHANGER"
Face I: Elle vous aide à devenir conscient d'une situation pénible à vivre. Vous découvrirez comment vous pouvez transformer votre vision de cette situation en la revivant dans l'harmonie plutôt que dans les émotions.
Face II: 30 minutes de musique de détente.

(ETC-16) DÉTENTE DIRIGÉE "ABANDONNER UNE PEUR"
Face I: Cette détente est un extrait de la Technique abandon enseignée dans un atelier de fin de semaine. Cette technique agit directement dans le corps d'énergie en affaiblissant la résistance qui crée le blocage émotionnel et énergétique. Elle a pour but de vous aider à lâcher prise d'une peur, d'une émotion, d'un stress ou de quelque situation difficile à vivre.
Face II: 30 minutes de musique de détente

(ETC-03) MÉDITATION "JE SUIS DIEU"
Face I: Vous pouvez méditer pendant 30 minutes avec le mantra d'Écoute Ton Corps.
Face II: Une autre méditation de trente minutes avec musique seulement.

(ETC-21) MÉDITATION NOTRE PÈRE
Face I: Explication méthaphysique du Notre Père par Lise Bourbeau ainsi que la prière chantée par Monique Bertrand, auteure et interprète de la chanson *Écoute Ton Corps.*
Face II: Méditation en trois parties, 10 min "Je suis Dieu" chantée, 10 min. attributs de Dieu par Lise Bourbeau, 10 min. musique seulement.

CHANSON

(TMB-2424) JE VEUX CHANTER L'AMOUR
Avec sa belle voix, Monique Bertrand veut partager avec vous quelques moments vibrants d'amour dont la chanson thème *Écoute Ton Corps* ainsi que deux autres de ses compositions. Quelques autres titres: L'amour en héritage, Deux fois plus qu'à vingt ans, Quand on a que l'amour, The Impossible Dream, etc.

Téléphonez et obtenez un service de commande rapide

Catalogue

Des livres de chevet par excellence

(L-01) ÉCOUTE TON CORPS
–Ton plus grand ami sur la terre

Prix: 16,95$

Découvrez la philosophie d'amour que Lise Bourbeau veut vous partager. Elle est la preuve qu'en s'aimant et en acceptant son Dieu intérieur, tout devient possible. Tout en continuant à s'améliorer, son but est d'aider les autres à se guérir, à découvrir leur potentiel et à apprendre à s'aimer et s'accepter.

Ce livre offre une occasion d'apprendre de façon active, grâce aux exercices pratiques qui ponctuent chaque chapitre — à s'aimer et à aimer les autres. "On récolte ce qu'on sème, et en semant de l'amour, on ne peut qu'en récolter!"

(L-03) LISTEN to your best friend YOUR BODY

Prix: 16,95$ • Traduction anglaise du livre "ÉCOUTE TON CORPS"

(L-02) QUI ES-TU?

Prix: 16.95$

En raison de la grande popularité de son premier livre, Lise Bourbeau a décidé d'y donner suite.

Grâce à des exemples pratiques tirés de la vie courante, le lecteur sera émerveillé de se reconnaître à travers ce qu'il dit, pense, voit, entend ou ressent. Même l'observation des vêtements qu'il porte et du lieu où il réside le renseigneront sur lui-même.

De plus, ce livre décrit en détail la signification des formes du corps. Plus de 300 malaises et maladies sont expliqués dans leur sens métaphysique, aidant ainsi à en découvrir les causes profondes. Les résultats visés sont l'auto-guérison, l'amélioration de la qualité des communications inter-personnelles et un mieux-être général.

Commandez au (514) 382-7361 ou 1-800-361-3834

Catalogue

(L-05) JE SUIS DIEU WOW!

Prix: 16.95$

Dans son plus récent livre, Lise Bourbeau vous offre cette autobiographie au titre audacieux qui ne vous laissera pas indifférent. Elle s'y révèle entièrement. Un témoignage passionnant ainsi que plusieurs photos sur les événements de sa vie qui lui ont permis de reprendre contact avec son Dieu intérieur. Elle vous explique comment elle peut affirmer: “Je suis Dieu.”

(L-04) AGENDA ÉCOUTE TON CORPS

Prix: 16.95$

Une formule originale d'un concept unique et très pratique qui contient une page par jour. Comme cet agenda n'est pas daté, vous pouvez le débuter à n'importe quelle période de l'année. De plus il contient une action à faire chaque jour pour vous aider dans votre cheminement intérieur.

(L-06) LES RELATIONS INTIMES

Prix: 9.95$

Lise Bourbeau répond à vos questions sur:
Les Relations Intimes.
Elle répond aux questions qu'elle a reçues lors de ses conférences et ateliers depuis quelques années. Ce livret est le premier d'une collection de 21 sujets différents.

(L-07) LA RESPONSABILITÉ, L'ENGAGEMENT ET LA CULPABILTÉ

Prix: 9.95$

Lise Bourbeau répond à vos questions sur:
La responsabilité, l'engagement et la culpabilté.
Elle répond aux questions qu'elle a reçues lors de ses conférences et ateliers depuis quelques années. Ce livret est le deuxième d'une collection de 21 sujets différents.

Téléphonez et obtenez un service de commande rapide

Bon de commande postale

Numéro du produit	Qté	TOTAL$

SOUS-TOTAL:	
❶ **TPS et TVQ = 15.56%** au Québec seulement	
ou ❷ **TPS = 7%** au Canada sauf Québec	
ou ❸ **États-Unis et Europe**	sans taxes
Frais de manutention:	
TOTAL:	

Profitez de nos escomptes de quantité sur les cassettes:

1 à 2 cassettes	Tarif normal	= **11.95$** /ch.
3 à 10 cassettes	10% rabais	= **10.76$** /ch.
11 à 20 cassettes	15% rabais	= **10.16$** /ch.
21 et plus	20% rabais	= **9.56$** /ch.

FRAIS DE MANUTENTION

CANADA / ÉTATS-UNIS
3.00$ (1 à 2 semaines de livraisons)

EUROPE ET MARTINIQUE
(6 à 8 semaines de livraison, par bateau)
(Appelez-nous pour une livraison par avion)

1 à 19 cassettes = 11.00$ *(par commande)*
19 à 26 cassettes = 12.60$ *(par commande)*
26 cassettes et plus = Appelez-nous avant de commander
1 livre = 11.00$ *(par commande)*
1 à 3 livres = 12.60$ *(par commande)*
3 livres et plus = Appelez-nous avant de commander

Autres pays: Appelez-nous avant de commander

Paiement par chèque ou mandat-poste à L'ordre de:
ÉCOUTE TON CORPS, 9675 Papineau, bureau 380, Montréal, Québec, Canada. H2B 1Z5.

EUROPE et ÉTATS-UNIS: Mandat international en fonds canadien ou par carte de crédit.

Pour un service plus RAPIDE effectuer votre paiement par carte de crédit:

VISA ☐ Numéro: ____________ Exp.: __ / __ (mois / année)

MasterCard ☐ Nom du titulaire: ____________

Signature: ____________

Nom: ____________
Adresse: ____________
Ville: ____________
Code postal: ____________
Tél. résidence: ____________ Tél. travail: ____________

Service *ultra-rapide* avec carte de crédit en téléphonant:
(Mtl.) **514-382-7361** ou sans frais au Canada **1-800-361-3834**

IMPRIMERIE QUÉBECOR
L'ÉCLAIREUR